一起
玩遊戲！

70 種為伴侶設計的互動式遊戲與活動，
讓你們更親近、感情更加深，在一起變得有趣

The Couple's Activity Book

70 interactive Games
to Strengthen Your Relationship

Crystal Schwanke
克莉斯朵・史旺克 著
陳於勤 譯

目錄

前言・5
本書使用方式・9

CHAPTER ONE 搞笑・13
CHAPTER TWO 動腦・27
CHAPTER THREE 對話・37
CHAPTER FOUR 互撩・51
CHAPTER FIVE 關愛・63
CHAPTER SIX 懷念舊時光・77
CHAPTER SEVEN 想像力・87
CHAPTER EIGHT 一起冒險・99
CHAPTER NINE 靜心・111
CHAPTER TEN 坦誠以對・123
CHAPTER ELEVEN 勇敢・135
CHAPTER TWELVE 創意・147
CHAPTER THIRTEEN 火熱・161
CHAPTER FOURTEEN 去戶外走走・173

解答・183
參考資料・185

前言

大家好！我是克莉斯朵・史旺克（Crystal Schwanke），也是 LoveToKnow.com 網站的前編輯。我主修心理學，非常熱衷於幫助大家發揮各種潛能。我之所以想用文字在網站寫下這些過程，是希望鼓舞大家、並幫助大家互相建立連結，包括在兩性關係之中。

我跟我先生結婚 16 年，他總是鼓勵我像孩子般去玩各種的遊戲，例如搞笑歌詞改寫，或其他我想得出來的活動。我們給彼此做自己的自由，不論是想做多傻的事，也不用害怕受到批評。其實日常的小瘋癲是讓兩人更親近的良藥（對我這個害羞的人而言，也大大幫助我走出了舒適圈）。

許多人在日常生活中像是開啟自動駕駛功能，甚至對重要的人也是這樣。我們很容易忽略掉遊戲與活動有助於維繫伴侶雙方關係的重要性。

各位聽過有句話說「只用功不玩耍，聰明孩子也變傻」嗎？在兩人關係裡也是如此。

若在工作、辦事、做家事之後就是看電視放空，那各位可錯過表達情感的大好機會了。大家可能覺得，就算從日常生活中喘口氣，正式出門約會，也是一成不變，不過就是吃吃晚餐、逛逛街，不想表達自己的情感，反正幾週後就會消失殆盡。

是時候以全新的方式增加兩人之間的互動了！在接下來的章節，本書提供了兩個人可以一起面對面進行的各種活動。有些可以在家裡做，有些則鼓勵兩位一起出門冒險，其中許多也可以用電話或語音視訊的方式進行。

無論暫時出差，還是正在遠距離戀愛，都可以用各種有趣又新鮮的方式，增進雙方感情。有些時候，各位甚至會忍不住想沉浸在戀愛的甜蜜愉悅之中。

在沒有預期心理的情況下做這些活動，可以建立兩人真正的情感連結。這些並不是修復感情的靈丹妙藥，也不是吵架後立即修復關係的活動，而是為了真正享受彼此的陪伴，同時表現對彼此的愛。本書的目的是讓各位跟伴侶在新的層次上相互了解，並且享受純粹、無憂無慮的快樂時光。

因為感情會隨時間大幅改變，有時候很容易就覺得，兩個人漸漸變得比較像是室友，甚至像陌生人。這很正常，但這也是定期與另一半重燃火花、積極培養生活中有趣元素的好理由，即便只是晚餐後 5 分鐘，或孩子上床睡覺之後。

　　用這些遊戲來開開玩笑、發揮創意、探索彼此想法、一起玩樂，可以幫助兩位感受到彼此的愛，讓你們的感情加深，在一起變得有趣、興奮又輕鬆愉快！

　　我希望每次各位使用這本書的時候，都會感到越來越輕鬆愉快，兩個人的感情越來越好。

本書使用方式

　　本書的概念是讓各位跟伴侶選擇自己想要玩的遊戲；大家可以看心情，選擇自己想要的主題，或者隨便翻開一頁，來決定想做什麼活動。

　　各位也可以按照書中的順序，一個一個活動或遊戲試試看，完全沒有任何限制或規定。

　　當各位看到書中某一個遊戲是自己喜歡的，但想做些調整更加貼近你們的狀況，也完全沒問題的。這整本書就是希望你跟伴侶能好好享受在一起的時光，所以想怎麼調整，就怎麼調整！

　　跟伴侶在一起時，你們可以一起做所有的遊戲與活動，但若是分隔兩地，或只能透過電話或視訊聯絡，還是有些活動可以做，跳脫出一成不變的對話，例如，可以問些有趣的問題、玩一個好笑有趣的填空遊戲，或隨便聯想個搞笑接龍，來改變平時無聊的對話。

　　雖然這些活動可以晚上（或週末晚上）在家裡玩，各位也可以在出門旅遊或是在旅途上玩。有些遊戲會需要各位出門到公共

場所，當然是在願意這麼做的前提之下。

若你們大部分的時間常被瑣事與家事佔據，也可以把這些遊戲、活動融入在日常生活中。（我理解有些夫妻比較少有空閒時間，尤其是要照顧寶寶或身兼多職的狀況。）

切記，各位與自己另一半維持良好關係十分重要，書裡也有些遊戲和活動是開啟對話而已，不受地點限制，也有一些不會花超過 10 分鐘的活動。

我推薦在使用本書時可以準備一些紙跟筆在旁邊，雖然不一定必要，但各位可以把所有好笑的共同回憶寫下來！

我建議大家可以每晚或是每週翻翻這本書，或是當你們突然有空閒時間、但不知道要做什麼的時候，例如，有親人突然可以來幫你們照顧寶寶，或你跟伴侶剛好在同一時間下班，就可以玩玩書裡建議的遊戲。

　　不管你們是在一起兩個月、還是 20 年,這本書可以為各位帶來輕鬆有趣的歡樂時光,也可能讓雙方發現彼此未曾見過的那一面。

　　我為了各位設計了這本書,現在換你們把這本書調整到更貼近自己的樣貌!

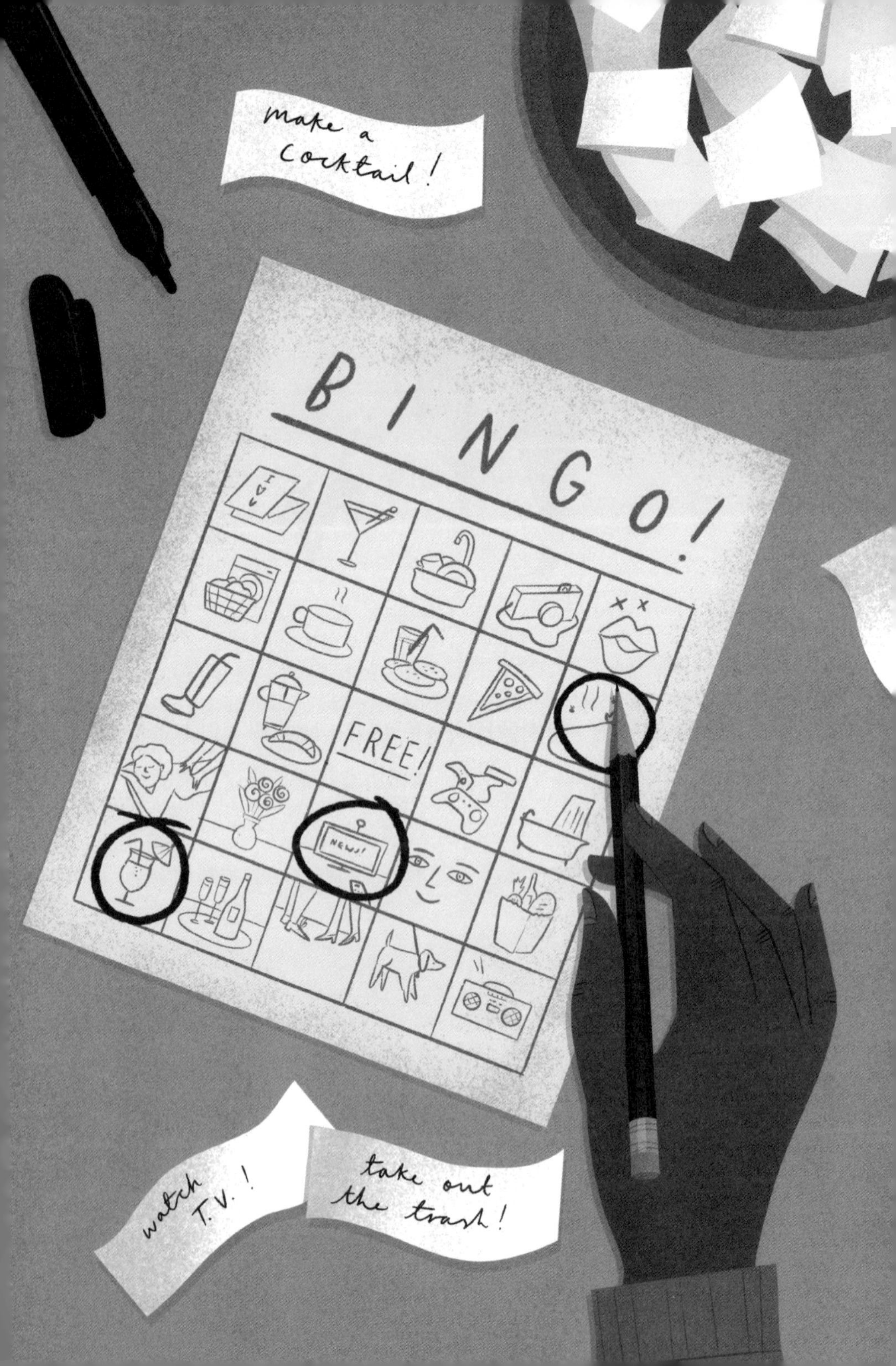
make a cocktail!
BINGO!
FREE!
NEWS!
watch T.V.!
take out the trash!

CHAPTER ONE
搞笑

各位若想要鬧著玩、或想讓氣氛輕鬆一下時,隨性、突然地耍笨是很好的方法。做些搞笑的事可以讓你們在玩完遊戲後還會記得,也會變成你們彼此之間才知道的笑話。

本章內容包含文字遊戲、賓果(最後可能會得到一個吻喔!),還有童年回憶裡的「老師說」。若你想跟伴侶花些時間一起做一些耍笨好笑的事,就可以從本章開始。

創意填空遊戲

所需道具：
筆或鉛筆

所需時間：
5 分鐘

這個遊戲是希望讓你們一起創作出瘋狂好笑的小故事。你們可以發揮創意，也可以重複玩這個遊戲，保證每次故事都會不同。

步驟
1. 決定誰先看完整段故事，不要讓伴侶看到喔！
2. 看故事的人須負責按照順序把要填入的文字的提示唸出來，讓另一半說出第一時間想到的字詞，並填寫在空格內。
3. 全部填完之後，兩人一起唸出來。

親愛的_____，
　　　　（另一半的名字）

當我們_____在_____去／做_____，
　　　（時間／季節）　　（某處）　　　　（活動）

我真的好_____。從那時起，我的人生就充滿了_____
　　　　（感受）　　　　　　　　　　　　　　　　　（感受）

與_____。
　（感受）

當我早晨醒來，我的心情是如此_____。
　　　　　　　　　　　　　　　（感受）

能夠在此生遇到你、可以一起聊_____，感覺真好！
　　　　　　　　　　　　　（話題）

我想，你讓我覺得真的非常_____。有件事我從未告訴過你：
　　　　　　　　　　　（動詞）

那天我穿的_____，現在是我的幸運_____。
　　　（服飾／配件）　　　　　　　（服飾／配件）

如今，每當我_____，就會穿上它。
　　　　　（動詞）

我已經迫不急待想要在那天跟你一起_____。
　　　　　　　　　　　　　　　　（活動）

我到現在還是很懷念我們在_____一起_____。
　　　　　　　　　　（某處）　　　（活動）

你真的好_____！
　　　　（形容詞）

CHAPTER ONE　搞笑　**15**

你覺得我＿＿＿＿＿＿？我真希望如此。
　　　　　　（形容詞）

愛你的，

＿＿＿＿＿＿＿
（另一半的名字）

P.S. 下次我們約會，應該去吃＿＿＿＿＿＿，
　　　　　　　　　　　　　　（食物）

然後去＿＿＿＿＿＿。
　　　　（活動）

我會穿上＿＿＿＿＿＿的＿＿＿＿＿＿，
　　　　　（顏色）　　　（服飾 / 配件）

或許你可以穿上＿＿＿＿＿＿的＿＿＿＿＿＿。
　　　　　　　　（顏色）　　　（服飾 / 配件）

你要做什麼？

所需道具：

　　紙或卡紙　　　罐子或碗
　　剪刀　　　　　任何小東西（硬幣、小石頭、碎紙片）
　　筆或鉛筆

所需時間：

30 到 45 分鐘，包含準備卡片與板子的時間

這是改良版的賓果遊戲。

步驟

1. 製作兩個賓果板，以及一組「賓果球」，請將下一頁的賓果板做個兩份：把其中一份上面的格子一一剪開，往內折，當作「賓果球」。另一份當作賓果板。
2. 再製作另一份賓果板，記得把賓果板的順序內容調動，或是加新的任務進來。若有新加的任務，記得也要做一份給「賓果球」喔！

3. 把摺好的「賓果球」放到罐子或碗裡,輪流從裡面抽出一張,把裡面寫的內容唸出來,並且做出裡面指定的動作或任務。若發現自己的賓果板上也有一樣的任務,就可以放一樣小東西在上面(如果沒有夠多的硬幣或小石頭,也可以用鉛筆畫上記號)。
4. 先成功連成一直線的人獲勝,獲勝者要立刻站起來跳一段搞笑勝利舞。另一位則是要做出最後一個任務。

可以參考以下的賓果板

親我的臉	你去洗碗	按摩背部1分鐘	倒一杯飲料給我	讓我規劃下次出門做什麼
唱首歌	逗我笑	瞪眼比賽	親額頭	倒垃圾
你規劃下次出門要做什麼	講一個你喜歡我的原因	**自由發揮創意**	按摩腳底1分鐘	稱讚我
背誦一首詩	親嘴	講一個讓你害怕的事	寫張小紙條給我，然後藏起來	做鬼臉
講一個讓你開心的事	用好笑的聲音或腔調跟我講話	摸你的肚子、拍拍你的頭	跟我拍一張照	讓我選要看的電視節目或電影

文字聯想

📝 **所需道具：**

計時器（手機上的也可以）

⏱ **所需時間：**

想玩多久就玩多久

可以在任何地點玩這個有趣、搶答的遊戲，像是出去散步、開車、講電話、做家事，或一起坐在沙發上時，都可以玩。

步驟

1. 計時 1 分鐘。
2. 其中一人隨意講一個字詞，然後另一位要立刻講出第一個聯想到的詞彙，再換另一位講出第一個聯想到的詞彙。
3. 一直輪流講到一分鐘結束。各位是無法預料到底對方會講什麼，但你們可以一起討論剛剛為什麼想到那些詞，一起笑一笑。（「什麼？你剛剛是怎樣想到那個字的？」）你們也可以不用計時器，想玩多久就玩多久！

以下為簡單的範例：

伴侶 1：咖啡

伴侶 2：杯子

伴侶 1：杯子蛋糕

伴侶 2：生日

小訣竅： 可以加入一些規定，讓整個遊戲更有挑戰性，例如，所有的聯想詞彙一定要屬於某個類別，或是開頭的字要一樣，或者是要押韻等等。

親愛的說

✏️ **所需道具：**
紙
筆

⏱️ **所需時間：**
10 分鐘

請用你們彼此的暱稱來玩這個遊戲。這個遊戲是要考考你們的聽力，讓你們要專心聽對方講了什麼。

這樣的聆聽技巧有助於一般日常或較為嚴肅的對話。但現在，好好來玩這個遊戲！依照自己的心情或創意，這個遊戲可以是超級搞笑或是超級浪漫，就看你們自己。

步驟
1. 決定誰先講，若彼此有暱稱，就用暱稱。
2. 講一個你想要對方做的事，任何事都可以，搞笑的事也可以。反正機會難得，對吧？
   唯一的規定是：只有在句子一開頭有講到暱稱時，才需要做出該動作。

以下為範例：
a.〔暱稱〕說：「親我臉頰。」
b.〔暱稱〕說：「幫我從冰箱裡拿飲料來，然後選一下待會要看的影集。」
c.〔暱稱〕說：「講一講你週末想要做什麼。」
d.「發出你想得到最搞怪的笑聲，一直到我也忍不住笑出來為止。」

3. 注意，最後一個例子前面沒有用暱稱開頭，所以如果照做，就輸了。
4. 有正確完成指令的人可以得一分，記錄每回合的分數，然後換人給指令，看看誰可以保持不出錯。

讀我的表情

所需道具：
紙
筆

所需時間：
5 到 10 分鐘

你們可以互相做任何表情，若在公共場所玩這個遊戲，會更好笑！

步驟

1. 其中一人先做表情，或是顯現出像是喜、怒、哀、樂等情緒。
2. 另一人要猜猜到底是什麼的情緒，可以從最簡單的開始猜，例如生氣、難過、開心等等，或者是任何你想做的表情。
3. 若你猜中了就得一分，沒猜中就是零分，並把分數記錄下來。
4. 要是是很難猜的表情會更好玩喔！大家可以先試試以下題目：

高興、開心	調皮	不敢相信	生氣惱火
哀傷	驚訝、驚喜	心裡受傷	煩躁惱人
驚慌失措	平靜、放鬆	肅然起敬	興高采烈
噁心厭惡	面無表情	神魂顛倒	氣餒灰心
充滿關愛	目瞪口呆	著迷入魂	容光煥發

5. 計算出彼此的分數,看誰比較會讀懂對方的表情。

名字:_____   名字:_____

分數　表情   分數　表情
____　_____   ____　_____
____　_____   ____　_____
____　_____   ____　_____
____　_____   ____　_____
____　_____   ____　_____
____　_____   ____　_____
____　_____   ____　_____
____　_____   ____　_____
____　_____   ____　_____
____　_____   ____　_____
____　**總分**   ____　**總分**

CHAPTER TWO
動腦

想讓彼此關係更上一層樓嗎?

知道怎樣共同解決問題,有助於一起提升腦力,找出彼此互補的強弱項。

如果你們覺得可以做到一起動腦、學一些新的語言、或自創兩人之間的語言,那麼這章就很適合。

雖然有些遊戲不會花到 30 分鐘,但也有一些遊戲是可以一直玩好幾個小時喔!

愛的填字遊戲

所需道具：
鉛筆
計時器（可有可無）

所需時間：
10 分鐘

這是一個簡單的填字遊戲，裡面內容都是跟愛情有關的，若想要更有挑戰性，也可以計時看誰比較快完成。

橫向：
1. A relationship between two people who are falling in love（兩個人墜入愛河叫？）
2. Roses are_____（玫瑰的顏色）
3. One way to meet someone special（一種找對象的方式）
4. What you do when you're interested in someone（對有興趣的人，你會做什麼？）
5. (Hopefully) the answer to a marriage proposal（希望求婚時對方會說的回覆）
6. _____upon a time（從前……）
7. What Cupid does with his bow and arrow（愛神邱比特拿著箭是要做什麼？）

縱向：
1. How couples get to know each other（伴侶認識彼此的方式）
2. A sweet treat that makes a good gift（送禮給心儀者的好選擇）
3. What you have for each other（你們對彼此有）（複數）
4. One immediate response you might have when you see your partner（你一看到對方就會有的反應）
5. To snuggle up together（想要依偎在一起）

解答在書末

自製密室逃脫

所需道具：

用來藏線索的兩個房間　　　紙
筆　　　　　　　　　　　　兩支鑰匙
計時器

所需時間：

1 小時到 1 個半小時，包含準備時間

準備好一起鬥智看誰可以先成功逃脫密室了嗎？這個遊戲可以讓你們看到各自不同的思考模式。請仔細觀察所有線索，看自己能多快解開謎題。

步驟
1. 你跟伴侶要一起為對方創造一間密室。選定兩個房間，並決定誰要為哪間房間設計謎題，還有決定你們有多少時間可以解謎。仔細觀察房間內部，你們就可以發想出線索與謎題，也能找到哪裡可以好好藏這些線索。
2. 所有的線索要連成一條路線，從第一個線索開始連到下一個謎題、密碼（別忘了製作解密工具）、文字重組或押韻遊戲。最後一道題目會找到一把鑰匙，找到鑰匙代表密室逃脫成功。

3. 房間設置好後，不要把第一個線索藏起來（不明顯也沒關係），然後彼此交換房間，開始計時。誰先找到鑰匙，誰就贏了！

以下是簡單的範例，請詳見書末的參考資料尋找更多靈感。

- 你的伴侶看到門上貼著紙條寫著「下一個線索在我們聽見海浪聲的地方」。而答案就可以接貼在你們一起在海邊的合照背面。
- 此線索需要解密工具來找出正確訊息，你可以自創符號，或把每個字母改成數字，例如「TOOTH FAIRY（牙仙子是西方傳說中會取走小孩放在枕頭下的乳牙的仙子）」（這個提示是要找枕頭下的線索），可以寫成 20 15 15 20 8 6 1 9 18 25，這是每個字母在字母表中所對應的數字。
- 在枕頭下的線索可以寫成：「把它打開，就會看到遮住你／我小屁屁的東西！」若這是最後一個線索（建議要有 3 個以上的線索），鑰匙就藏在放內衣褲的抽屜裡，找到之後就可以把門打開，停止計時器。

由……開始

所需道具：

26 張小紙片　　　　罐子或碗　　　　鉛筆或筆
影印機　　　　　　計時器

所需時間：

10 到 15 分鐘

這是動腦時間，看看你們兩個的想法有多麼不同，看到你們各自選的字詞，你會很驚訝，你們兩個的想法怎麼差這麼多。

步驟

1. 在 26 張紙上各寫一個字，摺起來後放到罐子或碗裡，不要讓筆跡透出來（推薦用鉛筆寫，不然就是用比較厚的紙張）。
2. 把下一頁的遊戲卡影印一到兩份，或把相對應的數字寫出來記錄答案。
3. 抽一張，然後計時 1 分鐘。
4. 用抽出來的字開頭，回答遊戲卡上的問題，或在 1 分鐘內可以寫多少算多少。
5. 作答完後，你們可以互相看一下各自的答案，哪裡不相同，看看你們是想法相似，還是差很多呢？

小訣竅：若你們各自都有這本書，可以直接寫在下一頁。若你們只有一本，那就把遊戲卡上的題目抄寫在另外的紙張上。

1 一個人名 _____	**2** 一種動物 _____	**3** 在戶外 能找到的東西 _____
4 你伴侶 喜愛的東西 _____	**5** 你伴侶 不喜歡的東西 _____	**6** 約會點子 _____
7 一個地點 _____	**8** 一種食物 _____	**9** 一種裝置 _____
10 一種飲品 _____	**11** 一首情歌 _____	**12** 你跟別人說過你喜歡或喜愛的東西 _____
13 永遠 不會去做的事 _____	**14** 你覺得伴侶永遠 不會去做的事 _____	**15** 你坐著的地方 _____
16 當禮物的首選 _____	**17** 一種溝通方式 _____	**18** 一種交通工具 _____

CHAPTER TWO　動腦

各國愛的語言

🖉 所需道具：

可以上網的裝置

⏱ 所需時間：

2 到 45 分鐘，看你們每天想學幾個

　　學著用 30 種語言來講「我愛你」，讓你們動動腦力為「我愛你」這個詞語增添情趣。這個非常適合在家、在餐廳裡玩、或是當作日常生活的小活動，每天只需花幾分鐘，就可以學一種新的方式來表達「我愛你」。

步驟

1. 上網搜尋「如何用 30 種語言說我愛你」，參考資料在書末。
2. 把找到的說法，一個一個練習。
3. 你們可以使用網路資源，也可以使用網路翻譯來搜尋特定語言的表達方式。
4. 試著將「我愛你」用不同的句型來表達，例如「每一天我都更加愛你」，或「我會永遠愛你」，也可以試著學怎麼講「我喜歡你」。若你們已經交往很久了，也可以自己選擇特殊的語言來宣告對彼此的愛，試試看用翻譯軟體，看會有什麼有趣的說法。

創意發明

所需道具：

紙
筆

所需時間：

1 到 1.5 小時

一起發明新玩意會是什麼感覺？

也許你們兩個有想要解決的問題，或是想幫其他人解決的問題，或者你們想發明在店裡可以看到的一些搞笑小物。

一起運用想像力，讓你們共同發想一些特殊又新奇的發明。過程中也可以觀察到你們兩人是如何強弱互補，也許你們兩個有一天真的可以一起創業！

步驟

1. 畫出想設計的物品。若是有外包裝或是商標，會長什麼樣子？
2. 想像你們的目標客群，你們要如何向他們投放廣告？
3. 發想行銷文案，或是寫首廣告歌，要是能押韻就更好了！（可以天馬行空亂想，樂在其中就好！）
4. 如果你們想用手工製作（取決於你跟伴侶的發明是什麼），也可以看看你們是否真的能把樣品製作出來。

CHAPTER THREE
對話

如果你們是有時間、但沒有紙跟筆以外的其他材料,這個章節是你們最好的選擇。

也許你們在外面約會、出門旅遊,或在開車途中的時候,沒什麼話好講,相敬如賓,但還是可以運用本章介紹的小遊戲來更加認識彼此,或者是開啟全新的話題。

請試試看這些遊戲與活動,為你們的生活平添意想不到的樂趣。請保持開放的心態,讓這個對話無限延伸下去。

創造新故事

🖉 所需道具：

書或網路
筆
紙（如果下頁不夠寫的話）

⏱ 所需時間：

10 到 30 分鐘

　　這個遊戲是要你們兩人一塊把兩個不同的故事、或是兩首歌合併在一起，創造出一個全新的故事。

　　把你們兩人的興趣結合起來，也讓你們有機會講述自己的愛好，或許你們會喜歡上這個活動，變成你們的共同嗜好。

步驟

1. 找一本自己最愛的書、上網查自己最喜歡的歌詞，或者搜尋自己最愛的電影台詞。
2. 跟對方分享，接著決定從哪個當故事的開始，哪個當結尾。
3. 把第一句寫在下頁，輪流寫上你們自己的內容，想辦法接到對方跟你分享的內容。
4. 故事想寫多長都可以，記得加些轉折，或是就短短的小故事也行。故事內容是否符合邏輯不是重點，而是在享受兩個人共同發想故事的過程。

5. 寫完之後,大聲地把故事朗讀出來。

你會選哪個？

⏱ 所需時間：

15 分鐘以上

問你的另一半，在某些嚴肅但又荒謬的假設情境下，必須從兩個選項中選一個的話，他／她會怎麼選擇？這個問答能讓你們更加了解彼此。

也許你們已經玩過類似的遊戲，因為這種小遊戲常常在派對聚會上，當作破冰的活動。可以事先準備一些題目，但是比較簡單的方式是，按照當下好玩的氛圍，自由地發想。

步驟

1. 輪流給對方兩個選項做選擇，什麼都可以，像是一般常見的喜好，或從未遇過的荒誕情境。以下為幾個簡單的範例：
   - 早上，還是晚上？
   - 到哪裡都用跳舞或小跳步的方式（不能用走的），或者一開口講話就是用唱的？
   - 永遠不能穿襪子，或者永遠不能吃自己最愛的食物？
   - 按摩，還是抱抱？
   - 方形，還是圓形？

- 把鬣蜥綁在手臂一週,或者一個月不使用手機?
2. 對方回答後,可以問為什麼做這樣的選擇,來進一步了解他們的想法。
3. 換另一方來問。也可以加入自己想到的題目,一直輪流到兩個人都不想玩為止。

詩意對話

⏱ 所需時間：

視情況而定

詩是向伴侶表達愛意的傳統方式，或許不是每個人都喜歡，但只要寫一小段，也可以把寫詩變成好玩、互動性高的活動。

想要加入一些音樂或新的元素嗎？也可以改用饒舌的方式唸出來。

步驟

1. 設定好在一段時間內，跟彼此說話的時候，都是用詩詞或是饒舌的方式。或者直接開始也可以，隨性發想到真的想不出要講什麼為止。
2. 開始後，你們彼此講話一定要用詩詞，沒有例外。基本上你們可以從簡單、不受格律限制的自由體詩開始，然後慢慢增加難度，例如用韻、對仗、平仄、字數等。

範例 1：
你是否想要看
我們最愛看的電視節目？
那我來開電視。

範例 2：
親愛的，請來廚房與我共舞；
然後我就來為咱倆洗手做羹湯！

說出自己真正的感受

所需道具：

紙、筆（可有可無）

所需時間：

15 分鐘

即使你們的關係十分穩固，相處起來輕鬆自在，對彼此有真摯的情感，不過很多時候還是會忘記如何去表達關心、欣賞、或愛慕自己的另一半。

或許你們才剛開始這段關係，有點害羞不敢表達自己的感情，又或是你們已經在一起幾十年，不需要說什麼，對方就能猜出來你的感受。

無論怎樣，這個小遊戲能讓你們開啟話題，引領你們說出自己喜歡的事物與看法，或講出對伴侶的愛，讓對方知道你真正的感受。

步驟

1. 講出 5 到 10 件你們喜歡、愛慕對方的事，或者寫在紙上也可以。

請參考以下句型：
當你＿＿＿＿＿＿＿＿＿＿＿＿＿＿＿＿＿＿＿＿＿，我很喜歡。

我很喜歡／愛你，因為＿＿＿＿＿＿＿＿＿＿＿＿＿＿＿＿＿＿＿＿＿。
我最欣賞你＿＿＿＿＿＿＿＿＿＿＿＿＿＿＿＿＿＿＿＿＿＿＿＿＿。
當你＿＿＿＿＿＿＿＿＿＿＿＿＿＿＿＿＿＿，我的心會小鹿亂撞。

現在換對方來說：
當你＿＿＿＿＿＿＿＿＿＿＿＿＿＿＿＿＿＿＿＿＿＿，我很喜歡。
我很喜歡／愛你，因為＿＿＿＿＿＿＿＿＿＿＿＿＿＿＿＿＿＿＿＿＿。
我最欣賞你＿＿＿＿＿＿＿＿＿＿＿＿＿＿＿＿＿＿＿＿＿＿＿＿＿。
當你＿＿＿＿＿＿＿＿＿＿＿＿＿＿＿＿＿＿，我的心會小鹿亂撞。

2. 寫下自己的句子，列出你們喜歡或愛慕對方的事情。

_____
_____
_____
_____
_____
_____
_____
_____
_____
_____

小測驗

所需道具：

筆（可有可無）

所需時間：

20 分鐘

這個遊戲可以在輕鬆自在的情況下，幫助你們更加深入了解彼此。用電話或者視訊也可以玩。

步驟

輪流問對方問題，玩到最後也可以加上自己想問的問題。在玩的時候，你也可以先看問題，想想另一半會怎麼回答，看自己有多了解對方。

如果你可以生活在任何一本書、電影或電視劇中的世界裡，你會選哪個？

_____

_____

你最喜歡的年代是哪個年代？

_____

_____

你最懷念的兒時回憶是什麼?

_____

_____

小時候你喜歡上學嗎?為什麼?

_____

_____

在人生快到盡頭的時候,你最想完成什麼重要的事?

_____

_____

你比較喜歡狗,還是貓?

_____

_____

如果你可以住在世界上任何一個地方,你會選哪裡?為什麼?

_____

_____

你小時候希望自己長大後是成為什麼樣的人?

_____

_____

你最喜歡的字是什麼？
_____
_____

你做過最可怕的夢是什麼？
_____
_____

你最覺得尷尬丟臉的時刻是什麼？你是如何面對與處理？
_____
_____

如果你接下來的人生都必須穿「制服」（詳述樣式與顏色），會是怎樣的制服？
_____
_____

如果要你選一首人生的主題曲，你會選哪首？
_____
_____

你最喜歡哪個桌遊？
_____
_____

假設接下來的 5 年,每次你打開電視就只能看一個節目或一部電影,那會是哪個節目或電影?

_____

_____

你最喜歡哪個傳統習俗(也可以是你跟伴侶、家人朋友一起做的事)?

_____

_____

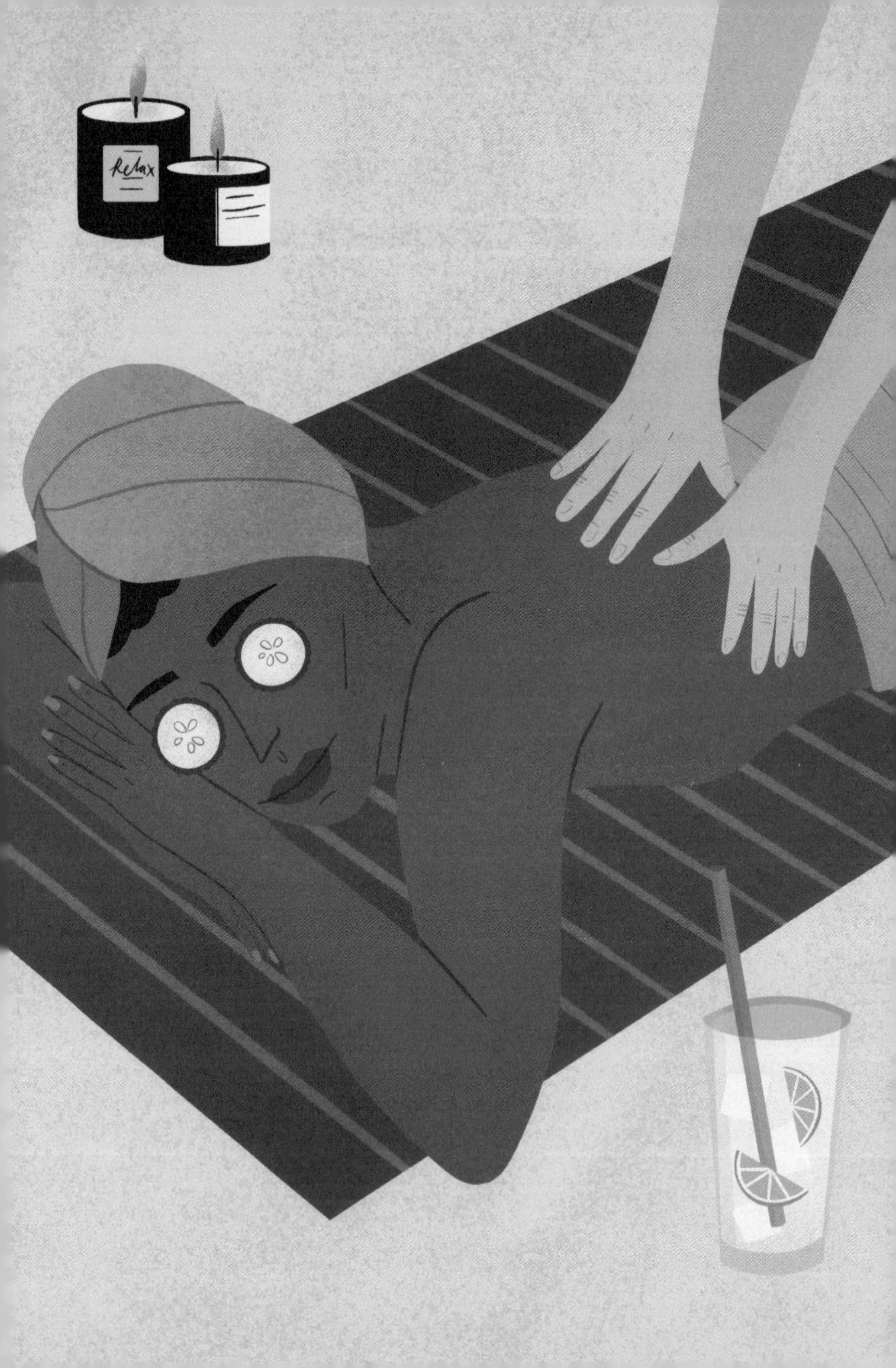
Relax

CHAPTER FOUR
互撩

我常建議大家記得要持續「撩」你的伴侶,讓感情保持新鮮刺激。

請多多稱讚、觸碰對方,或者貼心問候,把日常生活的小事當做「撩」對方的契機,讓他/她知道自己的魅力無法擋。

這些「小事」,有的需要時間不長,適合每天做,有的則需要多一點時間完成,不管選哪個,目的都是要讓你跟伴侶感到春心蕩漾。

我們是超級英雄

所需道具：

筆或鉛筆

馬克筆、蠟筆或色鉛筆（皆可）

所需時間：

10 到 20 分鐘

想像你們是超級英雄夥伴，利用自己的長處及仰慕對方之處，為對方打造英雄身份，藉機稱讚對方，講述仰慕對方哪些特點與人格特質，再加上一點點搞笑。

步驟

請輪流回答以下問題：

超級英雄的名字 # 1：
_____

超級英雄的名字 # 2：
_____

我的服裝是長什麼樣子？
_____

我的服裝是長什麼樣子？
_____

我的超能力是什麼？
_____

我的超能力是什麼？
_____

我的致命要害是什麼？
_____

我的強項是什麼？（可超過一個以上）
_____

假設我們是以英雄身份的時候認識，你會因為什麼事而跟我墜入情網？你最愛我哪些方面？
_____

我要如何從一般人變身成超級英雄？
_____

我變身成超級英雄時，有什麼特別的口號或怪癖嗎？
_____

我的超能力是從何而來？
_____

我的致命要害是什麼？
_____

我的強項是什麼？（可超過一個以上）
_____

假設我們是以英雄身份的時候認識，你會因為什麼事而跟我墜入情網？你最愛我哪些方面？
_____

我要如何從一般人變身成超級英雄？
_____

我變身成超級英雄時，有什麼特別的口號或怪癖嗎？
_____

我的超能力是從何而來？
_____

我們倆總是一起打擊犯罪，誰是我們的死對頭？他們都做些什麼壞事？
_____

我們成功阻止死對頭的邪惡計畫後，會如何放鬆或慶祝？
_____

為什麼我們是最佳拍檔？
_____

畫出我變身成超級英雄的樣子：
_____

我們倆總是一起打擊犯罪，誰是我們的死對頭？他們都做些什麼壞事？
_____

我們成功阻止死對頭的邪惡計畫後，會如何放鬆或慶祝？
_____

為什麼我們是最佳拍檔？
_____

畫出我變身成超級英雄的樣子：
_____

CHAPTER FOUR 互撩

隱形的訊息

所需道具：

筆
紙（可有可無）
膠帶（可有可無）

所需時間：

10 分鐘

　　這個遊戲是要利用觸覺來解密另一半給你的貼心小語或搞笑訊息，你一定要集中精神才能成功解密！
　　如果你很喜歡肢體碰觸，那麼這個活動就是為你量身打造的。

步驟

1. 請你的伴侶站著、或坐著，背對著你（等你在對方的背上寫下訊息後，伴侶要把感知到的訊息寫在這頁，或貼一張紙在牆上，寫在上面）。
2. 用手指在伴侶的背上寫出訊息（可以是甜蜜的話，也可以是搞笑的話），一次寫一個字。
3. 伴侶要把感知到的訊息寫下來。
4. 寫完之後，要伴侶大聲唸出來，看是否正確。
5. 換人再玩一次。你們之中，誰比較擅長解密訊息呢？

Spa DIY

所需道具：

水果與／或草本植物
一壺水
浴袍（或居家服）
放鬆的音樂或大自然
的聲響

**推薦要有
（但沒有也沒關係）：**

適合自己膚質、自製
面膜的材料
蠟燭或精油擴香機
按摩油
小點心

所需時間：

3 小時（包含準備時間）

花一些時間來寵愛彼此，不用花大把鈔票，就可以一起好好地放鬆。

步驟

1. 先佈置 Spa 的場地。把小點心擺出來，把水果、草本植物切小塊放到水壺中。也可以找一些適合自己膚質的面膜製作方式，用手邊有的材料來準備。穿上浴袍或居家服，好好地深呼吸，準備好來放鬆一下。
2. 你們可以用香氛蠟燭或精油（花香、果香、木植香都可以）來製造氣氛，同時放一些放鬆的背景音樂，或是大自然的聲響。

CHAPTER FOUR　互撩　**57**

3. 替彼此按摩，可以是肩頸、手腳、全身，或手腳加肩頸等，重點是你們兩個可以好好地放鬆。
4. 你們也可以一邊敷面膜、一邊舒服的躺在彼此身邊，聽著放鬆的音樂，好好沉浸在芳香療法之中。一起享用點心跟泡著水果切塊的水。
5. 時間沒有特別限制，就看你們想放鬆多久。還可以加入你們倆都喜歡的元素，若覺得這個活動不錯，也可以定期安排。

嗨！你好

⏱ 所需時間：

15 到 30 分鐘，或想玩多久都可以

在交往之前、跟接下來互相認識的過程中，你們已經讓彼此印象很深刻了。在這個活動中，你們要假裝是第一次「認識」對方（這次沒有任何壓力）。

請好好享受這個當下，看看會感受到什麼。你們可以在出門辦事時做這個活動，或者如果你們正在遠距離戀愛，想要找個方式尋求新鮮感，也可以試試看。

步驟

1. 決定誰要先主動開始，不管是在公共場合，還是在網路上，假裝你們不認識，是第一次講話。
2. 若是你們兩個可以當面見到，其中一人可以直接過去打招呼，或是用自己想像的情境開始。遠距戀愛的話，可以假裝你們是在交友的 app 上認識，可以傳訊息、講電話或視訊。假如你們是今天才認識的，你們會跟對方怎麼介紹自己？
3. 好好地「撩」對方一下！講些土味冷笑話也無妨。想像如果你們是剛認識，想要追求對方，你會如何稱讚對方。若你一直都想試試看一些搭訕金句，現在就是絕佳機會。
4. 約對方出來，計畫一場約會⋯⋯然後想辦法讓它成真！

重組愛的話語

🖊 所需道具：
鉛筆

⏱ 所需時間：
5 到 10 分鐘

這個簡單的小活動可以在任何地方進行，除了開車以外。如果你們各自都有這本書，也可以用講電話的方式來做。

步驟

一起重組以下的字詞與片語。以下的詞語都是在雙方感情很好時會跟對方說的話。請把答案填答在黑線上面，看誰能最快找出答案。解答在書末。

OUY REA HET EBST _____

M'I OS ULKCY _____

GHU EM _____

SISK EM _____

UOY AER OS TCUE _____

NANAW EADT _____

IVEOM GHITN _____

N'TAC ITAW OT ESE OUY GAIAN _____

OUY KAME EM OS PYPHA _____

VFOERRE N'TIS NGLO GHENUO _____

VFOATIER NSOEPR _____

VEOL UOY TSLO _____

INSESPHAP _____

TEMUOSIAS _____

LDHO YM ANHD _____

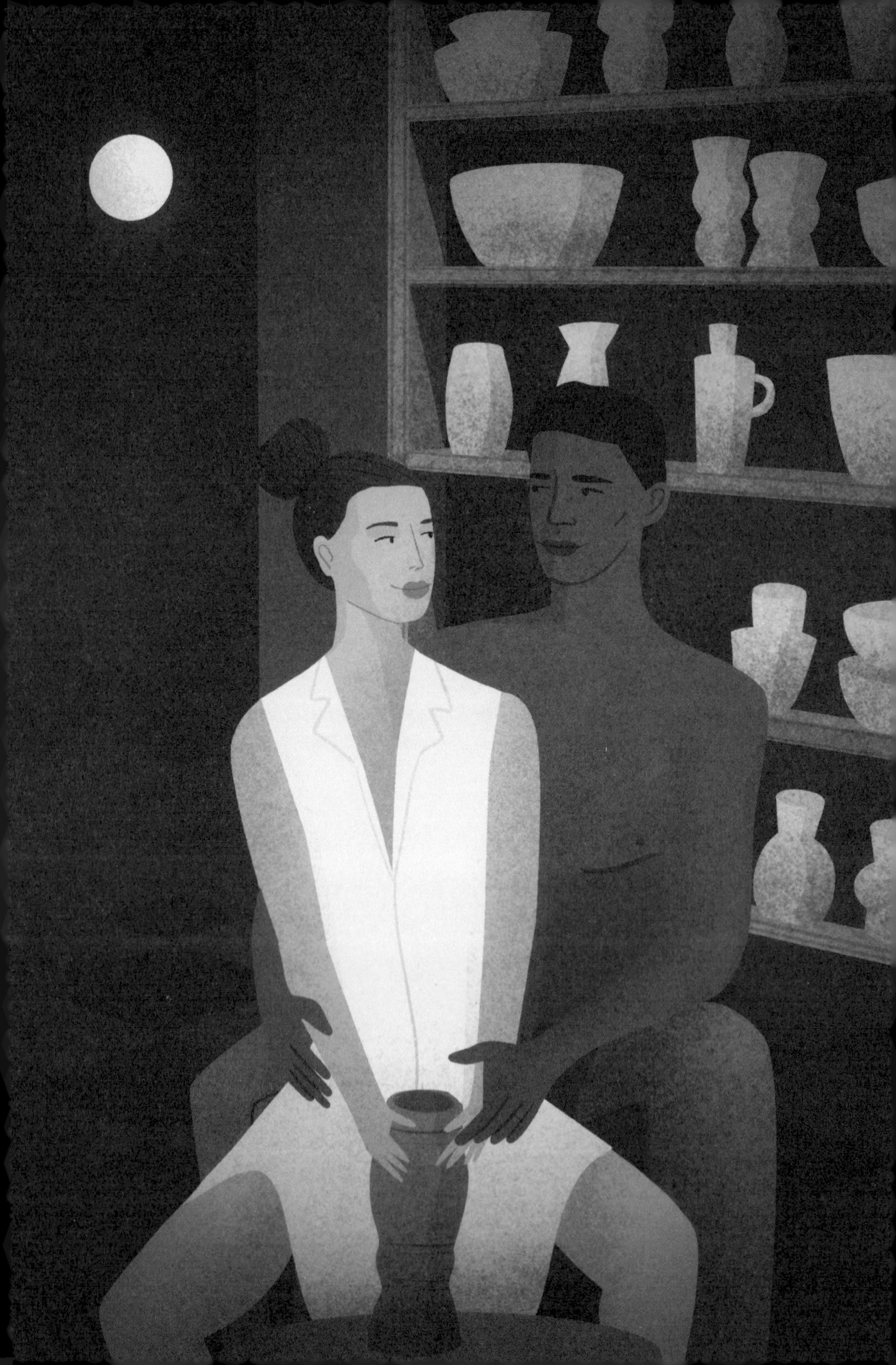

CHAPTER FIVE
關愛

請要對伴侶表現出你有多麼愛他／她,並且珍惜你們在一起的時光,像是一起跳舞、一起做飯、稱讚彼此,或是重現浪漫。

在這章的活動中,你們可以對彼此表達愛意,也可以把愛傳播出去。

本章大部分的活動,所需的時間都很有彈性,有些可以分段做,之後全部做完即可。

讚美的話

所需道具：
網路或翻譯軟體

所需時間：
5 到 10 分鐘

花點時間想想出對方值得讚賞的特質——但是必需用另外一種語言。

任何事都可以，沒有限制。花一些時間來好好觀察對方，或是講述從以前到現在你一直很喜歡對方的部分。

步驟
1. 找到可以翻譯成外語的網站或應用程式，也可以參考本書最後面推薦的網路翻譯網站。想想你要如何稱讚伴侶，然後貼到網路上翻譯出來，大聲唸出來，或者用網路或應用程式播放。
2. 請伴侶猜猜看是什麼意思。
3. 接著換人，換你猜猜看你的另一半是怎麼稱讚你的。
4. 誰的讚美是最獨特或最貼心？試試看一些好笑又出乎預料的稱讚，而且隨個人高興要換成哪種語言都可以。玩完這個遊戲後，相信你們都會更輕鬆自在、更加開心、更珍惜彼此。
5. 你們可以每個禮拜做一次，或者每個早上或晚上，把它融入到日常生活中。
6. 把你最愛的讚美寫下來，還有是哪種語言，寫在本頁下方，提醒自己對對方的愛。

法語　　Vous me donnez envie d'être une meilleure personne.

一起為世界帶來美好

所需道具：

筆或鉛筆
便利貼
決定要去哪些公共場所

所需時間：

10 到 15 分鐘，加上出門跟貼上便利貼的時間（可以分成兩天來做）

你們可以一起散播歡樂給身邊的人。記得跟你深愛的伴侶在一起，就是上天賜予的禮物。請把這份對彼此的愛，分享一點給世界上其他人。

步驟

1. 一起發想出激勵人心、令人振奮的話，寫在便利貼上。
2. 也可以加些插圖，記得這些話要適用於各種情境（畢竟不知道是誰會看到）。
3. 寫好之後，把這些便利貼貼在家裡附近一些意想不到的地方，像是廁所的鏡子上、公車站的長椅上，或者貼在圖書館某本書上——讓其他人可以不經意地發現。或許這些激勵小語可以鼓勵到某個人，讓他們的一天變得美好。

以下是激勵小語的參考範例：

「你真了不起！」

「一切都會沒問題的。」

「你是被深深愛著的。」

「祝你有美好的一天！」

「這世界上有你真好。」

一起製作剪貼簿

所需道具：

剪貼簿或空白日記本
膠帶
膠水
筆
馬克筆
照片、票根、任何你覺得可以代表你們感情的小物而且可以放進去剪貼簿裡的東西

所需時間：

1 到 1.5 小時

把所有要放到剪貼簿的東西收集起來,準備來場回憶之旅,回頭來看你們在這段感情中經歷過哪些事。

不管你們在一起多久的時間,你們會發現兩人是很快樂地回憶起共同的經歷與成長。

在這個過程中,你們也等於創造出一個可以在接下來的日子,不斷回味的紀念物。

步驟

1. 將你們的回憶或是想法寫在下頁空白處。你們想按照時間順序來排列?還是按照不同主題(如電影、演唱會、最愛時光等等)?
2. 把這些小物分類,在貼到剪貼簿前先想好整體架構。在每頁寫上簡短說明這是哪些場合或主題。
3. 做好後,你們就有個特別的紀念物,未來也可以繼續增加美好回憶。

小訣竅:要是你們平時沒有收集票根或小物的習慣,那就一起腦力激盪,看是在剪貼簿上用畫的、或用寫的。這是屬於你們的剪貼簿,沒有任何限制。

演出浪漫情節

所需道具：

小卡（可有可無）
筆或鉛筆（可有可無）
計時器

所需時間：

每幾段大概 20 到 30 分鐘

如果你們平時就喜歡看電影或對愛情喜劇十分熟悉，那你們一定會喜歡這個活動。準備好調整到演員模式，好好享受這個活動吧！

步驟

1. 一起想想愛情電影情節，把這些電影寫在下頁或小卡上，記得要多寫幾張小卡，不然這個遊戲就太簡單了。
2. 決定誰先表演，先的人可以抽一張小卡，或是從下頁中選一部電影，又或是自己發想一些浪漫場景。
3. 計時 30 秒，先的人先演出抽到的小卡上的電影情節。也可以試著講出這個電影情節的台詞，讓伴侶更比較容易想到是哪個電影情節。
4. 時間到後，再多加 30 秒，由另一半接著演出他／她認為這部電影接下來出現的情節。

5. 時間到後,公佈答案是哪部電影。

6. 以下是一些電影的範例。你們可以隨意寫上自己喜歡的電影。

北非諜影(Casablanca)
當哈利碰上莎莉(When Harry Met Sally)
傲慢與偏見(Pride & Prejudice)
愛是您・愛是我(Love Actually)
征服情海(Jerry Maguire)
西雅圖夜未眠(Sleepless in Seattle)
熱舞 17(Dirty Dancing)
鐵達尼號(Titanic)
手札情緣(The Notebook)
斷背山(Brokeback Mountain)
新娘不是我(My Best Friend's Wedding)
第六感生死戀(Ghost)

熱舞挑戰

所需道具：

網路

任何舞蹈所需的道具

所需時間：

30 分鐘到 1 小時

你們有想過學跳騷莎舞、排舞、搖擺舞、華爾滋，或其他舞蹈嗎？現在正是最佳時機！

你們可以透過線上教學影片學習這些舞步（請參見書末的參考資料），也可以去上課，讓這個活動變成一個定期的練習，使你們的舞技更上一層樓，這樣你們在公開場合跳舞時會更有自信。

步驟

1. 決定你們想一起學哪種舞蹈。是快節奏的、還是慢速抒情的？現代的、或是經典的？什麼都可以，完全沒有限制。
2. 在網路上找到教學影片，網路上免費的影片很多，當然也有需要付費的線上教學課程。
3. 若是家裡剛好有些可以當作練習的道具（像是漂亮的蓬蓬裙，或適合騷莎舞的跟鞋），都可以拿來使用。

4. 把舞步的一些重點寫下來，這樣可以提醒自己（不要只想依賴自己的記憶力）。最後，你們一定可以不需要看教學影片就能跳完一支舞。

_____
_____
_____
_____
_____

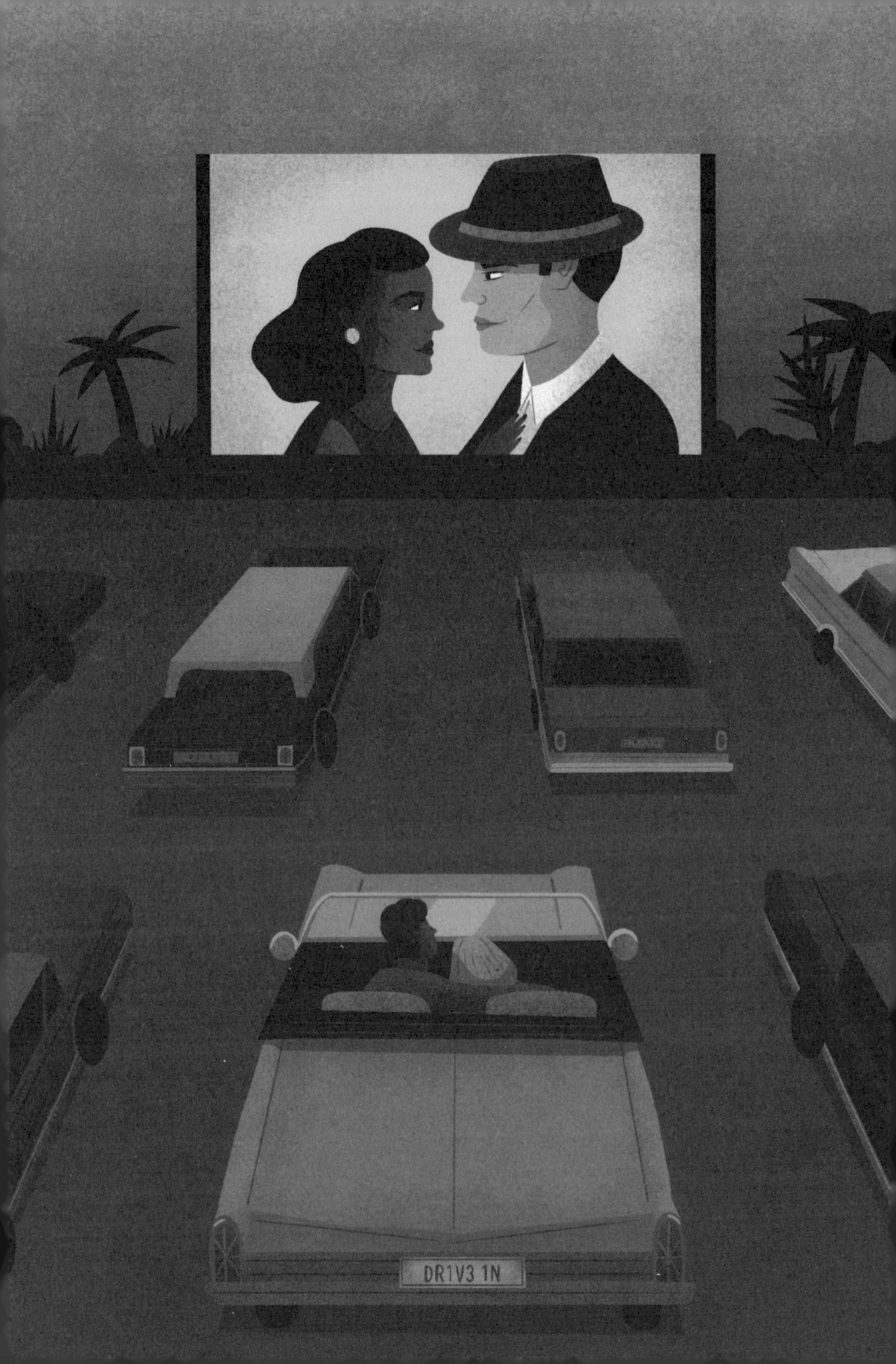
DR1V3 1N

CHAPTER SIX
懷念舊時光

跟你的伴侶一起到另一個時空吧！去到另一年代，來場約會，或重溫兒時你最愛的時光，並且跟另一半分享。

用古早老派的情書來表達自己的愛意，不但可以收藏起來，還可以拿出來，一直重讀好多次。

你們也可以選擇重溫最近的回憶，把這些美好時光寫下來，放進時光膠囊中。不管選哪個活動，請要讓你們的愛永誌不渝。

時光旅人

所需道具：
書或網路
食材
蠟燭
火柴
音樂（特定時代的歌曲或專輯）
特定時代的衣服（可有可無）

所需時間：
2 到 4 小時

假設你們一直很想生在另一個時代，或在另一時代遇見對方，現在就是絕佳機會。

你們可以決定要穿怎樣的衣服、聽怎樣的音樂、吃怎樣的餐點，還有用怎樣的方式說話。

步驟
1. 選定你們兩個都認為有重大意義或有趣的歷史時代。
2. 研究一下這個時代的食物、服飾、社會規範、或戀愛方式。找出你們認為不錯的食譜，兩人可以一起做菜。你們可以決定要多老派、或以現代標準看多舊時，都可以，當然也可以多加入一些其他的餐點，像是開胃菜、甜點，或是那個時代的飲品。
3. 餐點完成後，一起在燭光下搭配著那個年代的音樂，一起享用，你們也可以決定要不要穿得像那個年代的樣子。
4. 依照你們選擇的年代，在餐後也可以做些閱讀、玩遊戲、或是任何屬於那個時代的傳統活動。

寫情書

所需道具：
紙
筆
信封

所需時間：
30 分鐘

手寫的情書有種特殊的感覺。不管你們是住在一起、還是分隔兩地，寫情書可以幫助你們敞開心房，在紙上對另一半傾訴自己的感情。

步驟
1. 選擇你要用的紙跟筆。也許這次你想用鋼筆與正式的信紙，但不用一定要這麼隆重。任何的紙筆都可以，重要的是要把你對伴侶的情意寫在信上傳達出去。
2. 準備好後，靜心坐下來，專心地好好寫一封老派情書給你的另一半。想想對方最棒的特點、對你的意義，以及你想對她／他說的話。不要對自己的想法、感受覺得害羞；讓自己的情意透過紙筆傳達出去。
3. 把情書的信封封好，然後在信封上寫上伴侶的名字。你們可以決定要立刻拆開閱讀，或是指定在未來的某個時刻再一起看。
4. 親自把情書交到對方手上，或用郵寄的也行。

在古早年代約會

所需道具：

網路
古早年代的衣著（可有可無）
古早的桌遊或電影（可有可無）

所需時間：

兩個多小時

暫時離開現代，回到幾十年前，計劃一場在當時才會有的約會。你們可以新舊混搭，就看你們要做什麼。總之這會是一趟有趣又開心的時光旅程。

步驟

1. 上網搜尋不同時期的約會形式。
2. 找找看有沒有符合當時的衣著，不需要花很多錢買衣服，找找看自己的衣櫥裡或去二手服飾店挖寶。
3. 在這頁寫下你們的約會計畫，畫出你們想要的穿搭。

以下是一些參考的想法：

- 找一家 20 年代風格的爵士音樂酒吧（或在家營造出這樣的氣氛）

- 喜歡 50 年代的約會嗎？不妨外帶一杯奶昔、插上兩根吸管，開車兜風聽著懷舊老歌。
- 穿上喇叭褲，到舞廳或在家徹夜熱舞！
- 穿上法蘭絨衫、連身裙或戴上漁夫帽，配上 90 年代的音樂，開車前往購物中心。在那邊走走看看，找一家連鎖餐飲店用餐，然後跟一群朋友碰面，或是回家看一部 90 年代的賣座鉅片。

小訣竅：你們也可以把這個活動跟前一個線上學舞的活動合併，選擇那個年代的舞蹈，為約會劃下句點，或在準備晚餐時，學一些新舞步。

我們要做的活動：＿＿＿＿＿＿＿＿＿＿＿＿＿＿＿＿＿＿＿＿
＿＿＿＿＿＿＿＿＿＿＿＿＿＿＿＿＿＿＿＿＿＿＿＿＿＿＿
＿＿＿＿＿＿＿＿＿＿＿＿＿＿＿＿＿＿＿＿＿＿＿＿＿＿＿

我們要穿的服裝：

重溫童年時光

所需道具：

兒時喜歡的糖果點心
以前喜歡的老電影跟電視節目
兒時玩的桌遊
以前喜歡打的電動（可有可無）

所需時間：

3 個多小時

你是否很想念兒時吃著糖果、無憂無慮的生活？

你現在的另一半應該未參與過你的童年，現在就可以帶他／她一起重溫你兒時最美好的回憶。

如果你們兩個生長的年代或喜歡的遊戲不同，也可以分成兩次來做，各別重溫你們的童年。

步驟

1. 寫下你兒時最喜歡的糖果點心、電影與遊戲活動。
2. 準備好這些糖果點心，看看現在是否可以在串流媒體找到自己兒時最愛的電影或節目。
3. 若不想看電視，也可以試試兒時的桌遊、或是兒時的遊戲機，打個電動。
4. 好好享受跟對方分享童年回憶的時光。

小訣竅：要是你在很久以前就把這些東西丟了怎麼辦？看看二手商店有沒有賣舊的桌遊，而且很多以前的經典遊戲機都有數位版。如果你想玩扭扭樂，你甚至可以找到轉輪盤的應用程式，不需要第三人來負責轉輪盤。

糖果點心　　　　　　　　　　　　**糖果點心**

做一個時光膠囊

所需道具：

夾鏈袋
防水密封盒
人造樹脂膠（若要埋時光膠囊的話）
防水標籤
鏟子（若要埋在外面）
放置時光膠囊的地點
時光膠囊的地點提示

所需時間：1 小時

一同重溫回憶、製作未來兩人可以一起回憶的紀念物！

把你們覺得以後最想回顧的時光收藏起來，並且以實體方式呈現，提醒你們曾經一起共同度過的時光。

你們也可以決定在未來的某個時間點一起把膠囊打開，共同回憶那個過往美好的時刻。

步驟

1. 一起討論、收集可以提醒你們關係裡重大時刻的物品。想想有什麼小東西可以放進時光膠囊中，在未來某天看到時會覺得很有趣的？記得放些現在時下最流行的東西，以後回頭來看會十分有趣。不要把看了會太過感傷的東西放進膠囊中。你們可以複製一份、或拍張照片放進去，以免最後找不到時光膠囊或膠囊進水了。關於製作時光膠囊的小訣竅，請參見書末的網路參考資料。

2. 把所有物品放到夾鏈袋中,再放進盒子裡,用人造樹脂膠密封起來,貼上標籤,埋在安全的地點,記得在地圖上標上記號,以後才比較容易找到。如果你比較想放在室內,也可以用箱子放在衣櫃後面或閣樓裡。
3. 選一天,一起打開時光膠囊,也可以用 FutureMe.Org、或行事曆的應用程式來設定提醒。

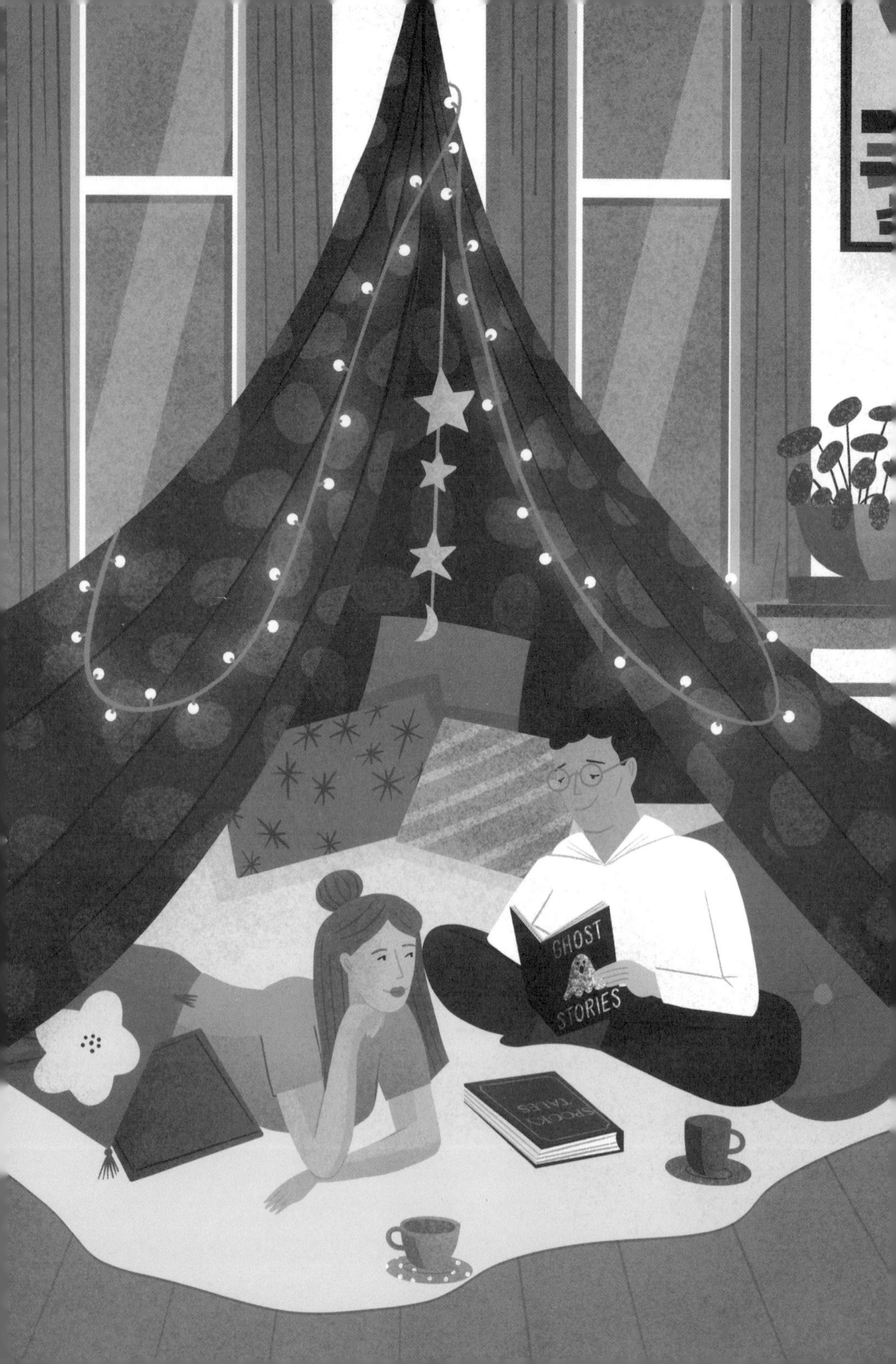
GHOST
STORIES
SPOOKY TALES

CHAPTER SEVEN
想像力

今天你們腦海的念頭，會帶你們到哪裡去？或許是室內露營，也或許是計劃一個完美的度假行程。

你們也可以化身成另一個人、把舊物新用，或一起做出一件藝術作品。不管是要在家裡、還是要外出，都沒有任何限制。

兩人一起練習創意發想，可以讓你們兩個學會找到讓彼此覺得很特別的方式，探索新的體驗（或在舊有的經驗上做些改變），幫助你們更親密，感情更深化。

去露營……但是在家裡

所需道具：

睡袋（可有可無）
夜光星星貼
最喜歡的音樂或大自然的聲響
鬼故事（你可以自創或上網找，或唸書裡的鬼故事，記得帶手電筒）
巧克力
大顆的棉花糖
蘇打餅乾

所需時間： 兩小時到最多一整晚

利用這次機會，重新製造晚上在大自然戶外露營的樂趣，只是沒有離開你們家客廳而已！

可能需要佈置一下，不過請盡量專心想著要露營，好像你們就是在野外搭帳篷一樣。

步驟

1. 鋪好睡袋。
2. 把夜光星星貼在天花板上。
3. 播放你們最喜歡的歌，或一些大自然的聲響。

4. 關燈,跟另一半依偎在一起。
5. 聽著音樂、講講鬼故事,或去「營火」(就是微波爐)前做些烤棉花糖夾心餅乾。一邊看著星星,一邊東南西北聊天。

複合媒材的人像畫

所需道具：

防水帆布
一些布料或任何你們想使用的材料（由你們決定）
畫布或其他基底
馬克筆
顏料
畫筆
膠水
舊雜誌跟報紙
鉛筆
筆
剪刀
眼罩

所需時間：1 到 1.5 小時

你們是如何看待對方的？這個遊戲是要你們利用家裡現有的工具，帶著眼罩來畫對方的畫像。

你們可以選用墨水、顏料、色鉛筆、畫布、紙、布片、紙張，或任何手邊有的素材，沒有限制。這個活動絕對可以把你們倆逗得哈哈大笑。

步驟

1. 設置好作畫區：將防水帆布鋪在地上，把想要用的材料全部擺在附近，接著把畫布架好。如果想要用雜誌或報紙的剪報素材，先把這些剪下來。
2. 戴上眼罩，用手邊有的素材及媒材來創作對方的畫像。

3. 完成後把眼罩脫下,好好欣賞彼此的藝術大作。

小訣竅: 你們可以決定要兩人同時戴上眼罩,或是輪流,這樣做也可以幫忙對方,以免把家裡弄的太亂,當然如果不想戴眼罩也是可以的。

規劃你們夢想中的度假

✏️ 所需道具：

筆或鉛筆（可有可無）
網路
蠟燭（可有可無）
背景音樂（可有可無）

⏱️ 所需時間：30 分鐘到 1 小時

在輕鬆無事的夜晚，跟伴侶想像一下你們兩人夢想中絕佳的度假行程。別去想預算，一起神遊到任何想去的地方吧！

你們可以在同一個晚上去到熱帶島嶼、或到歐洲遊覽，讓兩人沈浸在最瘋狂的度假美夢中。

步驟

1. 發想度假行程，想像你們會看見什麼（在行程表上畫下來）、會有什麼感受、天氣如何、要吃什麼、要穿什麼，還有要買什麼。
2. 如果有符合你們夢想中度假地點的香氛蠟燭，不妨點來製造一些氣氛。播放一些音樂或聲響，像是海浪拍打岸上的聲音、咖啡廳裡的氣氛音樂，或是森林裡的聲響。
3. 閉上雙眼，想像你們按照行程表一起踏上這趟旅程，也可以把這些想法保留下來，也許以後真的夢想成真。

小訣竅：用 Google Earth 先看看你們想去的地點。

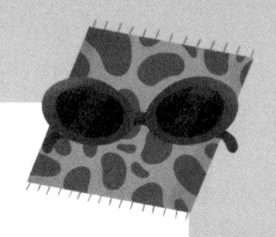

我們的行程

觀光景點　　　購物清單

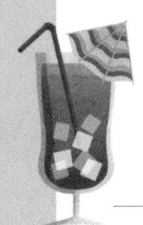

餐廳

新身份

所需道具：
服裝或道具（可有可無）
筆或鉛筆（可有可無）

所需時間：
1 到 1.5 小時，或更久

假裝你們兩個是完全不同風格的伴侶，或完全不認識的陌生人。

不是讓你們假裝重新認識，而是重新發想自己不同的人生。所有決定權都在你們身上，好好發揮演技，用全新的視角來看待彼此。

誰知道這些想像會迸出怎樣的火花呢？

步驟

1. 假裝你們是名人、歷史人物、或你們所喜愛的小說或電影人物，不用一定要選有在一起（過）的明星情侶檔。你們會有怎樣的對話？請好好發揮所有想像力。
2. 一起約個會、一起出門辦事，或一起宅在家。但跟對方說話時要融入自己的角色，這樣一定可以迸出有趣（或搞笑）的火花。

小訣竅： 如果你們很喜歡這個活動，想重複做，請記得每次都可以做些紀錄，也許幾年後回頭來看，會看到你們兩個瘋狂又搞笑的小故事。

沒有服裝？那就把你們想像自己會穿的服飾畫在這裡：

跳脫框架的想法

所需道具：
任何想使用的物品
筆或鉛筆
紙（若想多玩幾次）

所需時間：
15 到 20 分鐘

組成一個團隊，讓你們的想像力天馬行空，重新發現每天使用的日常用品可以有怎樣的新功能。

雖然這個活動大多得動動腦、練習發揮想像力，但也可能有助於轉變成極簡生活風格的練習。

不管怎樣，不需任何計畫，你們兩人就可以一起發揮創意，而且沒有地點上的限制。若你們正分隔兩地，也可以透過電話或視訊來做這活動。

步驟

1. 隨便選一個家裡的物品，或者若是不在家的話，就選剛好在眼前看到的物品。如果你們正好在外面買東西，也可以買個便宜小物帶回家。如果你們在開車，也可以是剛好想到的物品，不需要是眼前看見的東西。
2. 這個物品還可以怎麼去使用？一起動腦發想，跳脫出傳統想法的框架。你們也可以把這些想法付諸實行，看看是否真如你們想像一般可以實行（當然記得操作時還是要小心！）。

物品：_____

可能的功能：_____

_____

物品：_____

可能的功能：_____

_____

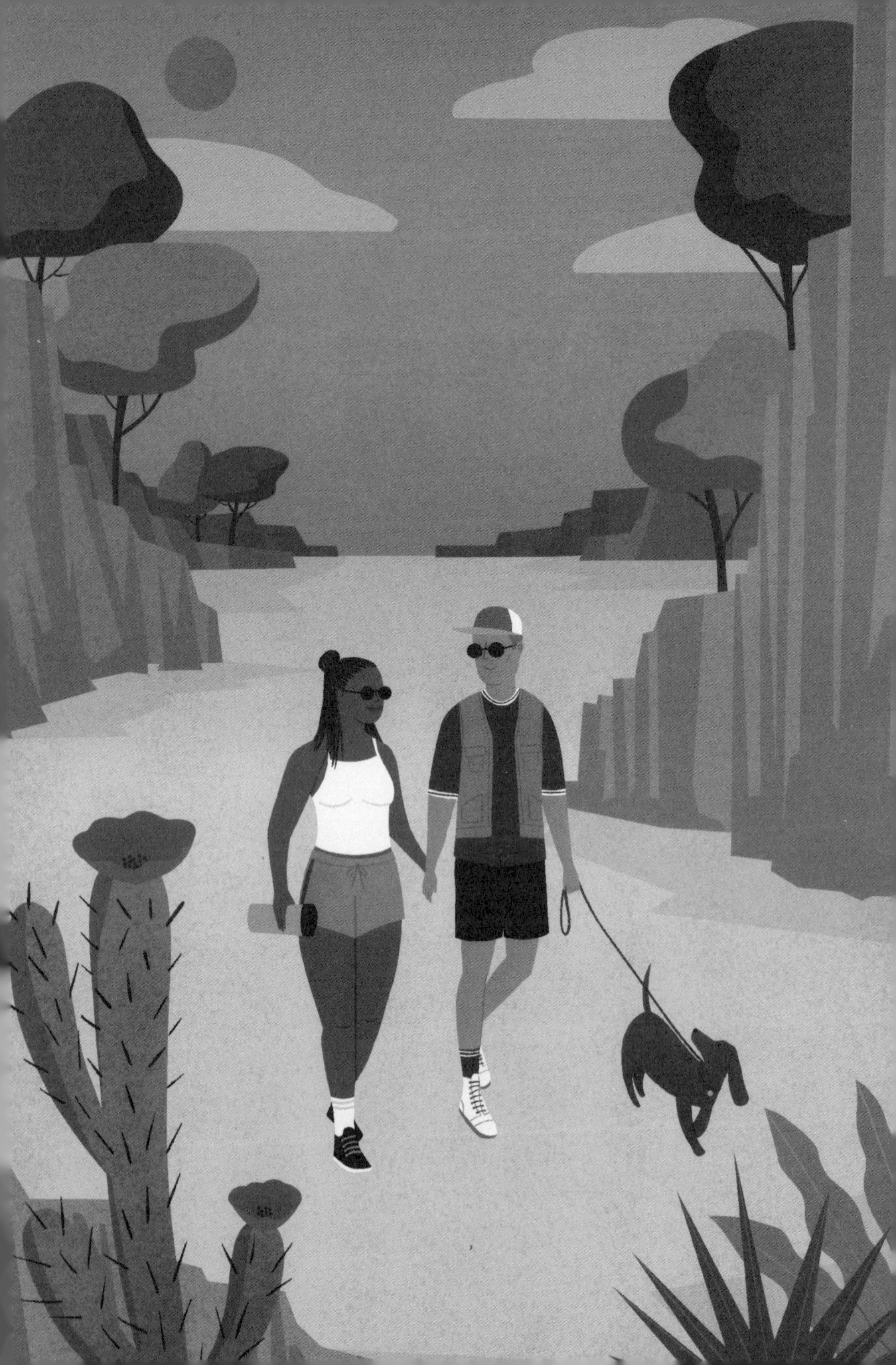

CHAPTER EIGHT
一起冒險

你們是否感覺兩人的感情已到了停滯期？生活瑣事壓得你們喘不過氣，或是無法從一成不變的例行日常生活中跳脫出來，其實會影響到彼此的感情。

是時候一起去冒險了！是時候做些改變了！

你們可以嘗試新的料理、多多體驗這個世界、學一項新技能、用新的視角去看既有存在的事物，或是養寵物。請跟對方約定好，要勇敢挑戰新事物，這樣，在一起創造美好回憶的同時，你們的感情會越來越好。

吃遍世界，各國小吃風

所需道具：

食譜書（參見書末參考資料）
網路、食材（按照食譜）
所需的工具與廚具

所需時間： 3 個多小時（不包含準備時間）

如果你們想環遊世界，但現在還無法實現，或許可以試著做看看世界各地的料理，用小吃風格來做，譬如像塔帕斯（Tapas），這是一種西班牙料理的開胃菜或小點。

這樣的料理可以讓一餐裡不只有一道菜，而是許多菜餚，讓你們可以嚐到世界各地不同的食物風味。

步驟

1. 看你們的廚房裡有哪些食材，然後決定要煮哪些料理。或者選好食譜，再去超市購買。記得嘗試看看世界各地的料理，例如，你們可以做黎巴嫩塔布勒沙拉（tabbouleh）、印度芒果拉西（mango lassi）、墨西哥烤玉米（elote），或拉丁風味的恩潘納達肉餡餅（empanadas）。你們也可以把想試試看的各國料理寫出來，或是寫出每個地區代表的美食。

2. 就算是簡單的料理,準備好幾道菜,對兩個人來說可能要花很久的時間,所以記得準備一些背景音樂(最好是各國的特色音樂),在做菜時可以一邊聽著音樂、一邊聊天。

小訣竅: 如果一天做超過一道菜太困難的話,也可以改成一天一個國家的特色料理,持續一週。這樣的「在家度假」,也能讓你們比較悠閒自在地在一起。

尋寶遊戲

所需道具：

鉛筆
健走鞋
相機（可有可無）

所需時間： 1 小時

花點時間跟伴侶在家裡附近、公園、自然步道，甚至是購物商場裡走走。

試著在這段時間內不要使用手機（除非是相機功能），這樣你跟伴侶才能夠專心一起完成這項任務。

步驟

1. 在下方空白處寫下你們想要挑戰自己、看是否能找到的東西。先想好你們準備要去的地點跟什麼時候去。
2. 自行決定找尋速度的快慢。建議可以出門尋找像是：紅色球鞋、小河流、麻雀、樹枝、腳踏車、一對幸福的夫妻、舊的標誌、松果、各種顏色的石頭，或水。
3. 找到這些東西後，就在清單上打勾。也可以用拍照的方式，這樣你們可以把照片印出來貴到剪貼簿上，或許將來某一天看到照片時，可以一同回憶這美好的一天。

☐ _____ ☐ _____
☐ _____ ☐ _____
☐ _____ ☐ _____
☐ _____ ☐ _____
☐ _____ ☐ _____
☐ _____ ☐ _____
☐ _____ ☐ _____
☐ _____ ☐ _____

幫助流浪狗

📝 所需道具：

可以讓你們帶狗出門遊玩的流浪動物之家
身份證件

⏱ 所需時間：好幾個小時

如果你們還沒準備好（或不能）養狗，你跟伴侶還是可以花一些時間跟狗狗相處。狗狗暫時離開流浪動物之家會很開心，你們也能觀察到狗狗的個性，也許能幫助牠們找到最適合的人家。

步驟

1. 找到可以讓你們把狗狗帶出門的流浪動物之家後就可以開始計劃。你們想帶狗狗去哪個步道？帶狗狗去咖啡廳享用一小杯咖啡？帶狗狗去安全的狗公園裡玩丟接球，還是開心地跑跑步？或者帶狗狗去寵物友善餐廳享受彼此的陪伴，以及跟在餐廳外面享受溫暖的陽光？
2. 在流浪動物之家選一隻狗狗，一起出門，認識這個狗狗的個性，並在指定時間之內把狗狗送回流浪動物之家，告訴工作人員一些關於狗狗的資訊，讓狗狗更容易送養。
3. 在離開前記得跟狗狗拍張照，把照片貼在下一頁這裡。

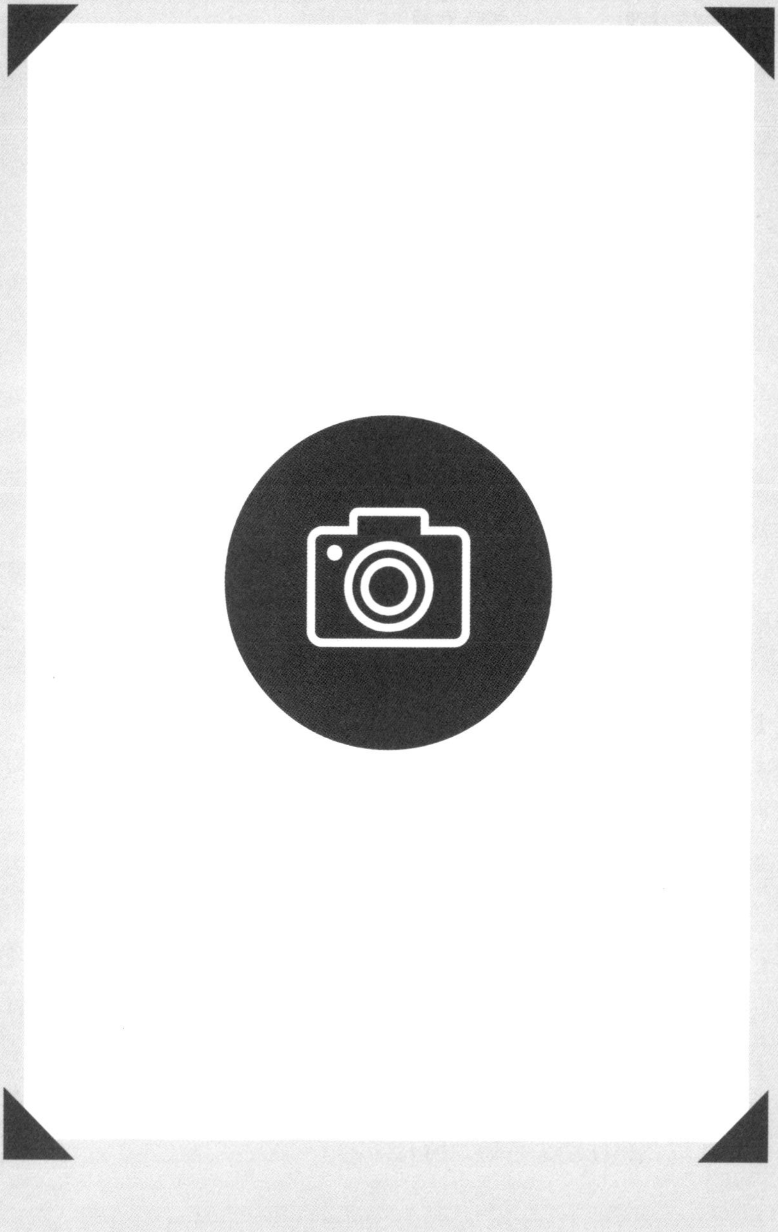

我看見……我們！

所需時間：

視情況而定（看你們的旅途長短跟你們選擇的字詞長短）

如果你們覺得，開車出門盯著窗外相同風景、然後一直沒話講很無聊，或吵著到底要聽哪個電台（或音量大小），可以試試看這個遊戲。

規則跟「我是小間諜」（I Spy）這個遊戲一樣：就是你看到某樣東西，然後提示這個東西是哪個字開頭，但這次你們是要找跟你們兩人或感情有關的東西。

你們可以一開始隨意發想，然後取決於路程，也可以玩好幾回合。

步驟

1. 選一個字詞，若是你們開車的路程不長，就選一個短一點的字，要是路程要好幾個小時，就可以選長一點的字或成語。
2. 在開車途中，找找看一些物品，是你選定字詞的字母開頭。例如你選的字詞是 hello，你可能會看到 house（房子）、eagle（老鷹）、light（燈）、leasing office（租賃辦公室）、officer（警察）。猜猜看為什麼這些字對你的伴侶有特別意義——或許是那個房子看起來跟你們住的第一間房子很像，老鷹是你們最愛球隊的吉祥物等等的。看看你們是否可以在路程結束時猜到所有字。

嗜好互換

✏️ 所需道具：

在做嗜好時通常需要的器材
筆或鉛筆

⏱ 所需時間：

視情況而定（取決於不同嗜好需要的時間不同）

深入了解另一半平常喜歡做哪些嗜好，有助於更加了解彼此。或許最後你會發現，原來你們兩個喜歡做的事情是一樣的，只是你不知道而已。

步驟

1. 各自選一項自己喜歡的個人嗜好，一起在一段時間內嘗試做看看。
2. 準備好所有材料與器材，記得說明一下什麼事可以做，什麼事不要做，確保這些器材或工具不會被用壞。
3. 一起嘗試，花一點時間教伴侶要怎麼做。記得，你希望你的伴侶能夠理解到你為什麼喜歡這個嗜好，所以花多一點時間跟伴侶分享。

把最後的成果畫在這裡：

小訣竅：若是不能一起同時做，也可以輪流教導對方、或輪流做你們各自的嗜好。一起試試看，然後再把最後成果給對方欣賞。

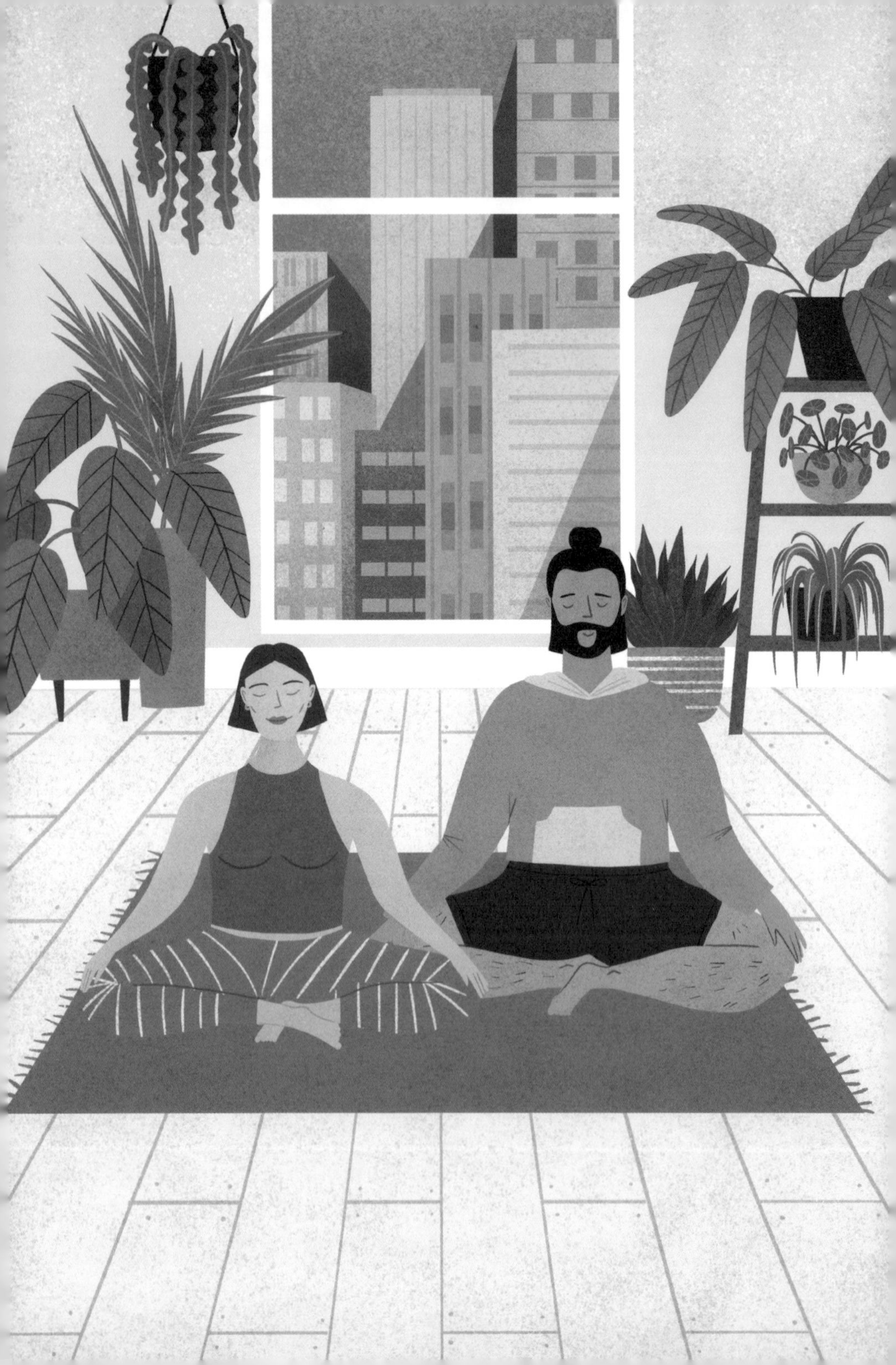

CHAPTER NINE
靜心

現在是否該放慢腳步,讓彼此的感情再更往上一層樓呢?如果是的話,這個章節非常適合你們。

請利用這些活動,來挑戰自己,看是否能活在當下,也更留心自己與對方。

任何時候,只要你跟伴侶覺得需要從忙碌不已的日常生活中休息一下,都可以再回來做做本章的活動。

果昔裡有什麼？

🖉 所需道具：

製作果昔的材料（水果、葉菜類、椰子水、牛奶等等）
辛香料
冰沙機
眼罩（可有可無）
筆或鉛筆件

⏱ 所需時間：20 分鐘

你相信彼此的味蕾嗎？在大熱天裡可以試試這個活動，或是吃健康點心時可以試試看。不管最後成品好不好喝，製作過程都會很有趣。

步驟

1. 決定各自可以放幾項食材到果昔裡，不管是 3 項、5 項，或 10 項，兩個果昔的食材數量要一樣。
2. 其中一人先戴上眼罩（不戴也沒關係），另一人為對方製作果昔，若不想帶眼罩，記得不要讓另一半看到食材。
3. 把你使用的食材寫在下頁，盡量做一杯你覺得伴侶會喜歡的果昔。
4. 對方喝一口果昔後，要猜猜看裡面的食材有哪些。如果猜中，就在清單上打勾。

5. 猜完後換人製作果昔，看誰猜中最多食材。

小訣竅：請先互相確認有沒有對什麼食物過敏再開始。

果昔 1

☐ _____
☐ _____
☐ _____
☐ _____
☐ _____
☐ _____
☐ _____
☐ _____

果昔 2

☐ _____
☐ _____
☐ _____
☐ _____
☐ _____
☐ _____
☐ _____
☐ _____

畫畫讓人心平靜

所需道具：

影印機（可有可無）
計時器（可有可無）
鉛筆
紙（上面有線、格紋、或空白皆可）
黑筆、或不會暈開的馬克筆（可有可無）
著色工具（彩色筆、蠟筆、墨水筆、色鉛筆）

所需時間： 30 多分鐘

有幾種不同的方式可以做這個活動，就看你跟伴侶想要怎樣發揮自己的藝術天份。

你們可以影印下一頁上的圖來著色，或用這些圖當做靈感，創作出個人的作品。

步驟
1. 如果你們想直接在這些圖上著色，就影印兩份下一頁的圖。
2. 找個舒適的座位，調整好坐姿，讓自己覺得接下來可以開始放鬆。若是你們時間有限，可以設定計時器，因為有時真的會畫到忘了時間。
3. 如果你們是自己創作圖形來畫，先在紙上畫出方形跟長方形（大小由你們決定），接著在格子裡畫上圖形，用黑筆或馬克筆把格子及圖形描邊，然後再用著色工具上色。
4. 你也可以跟伴侶交換自己的圖，為對方的圖形著色。

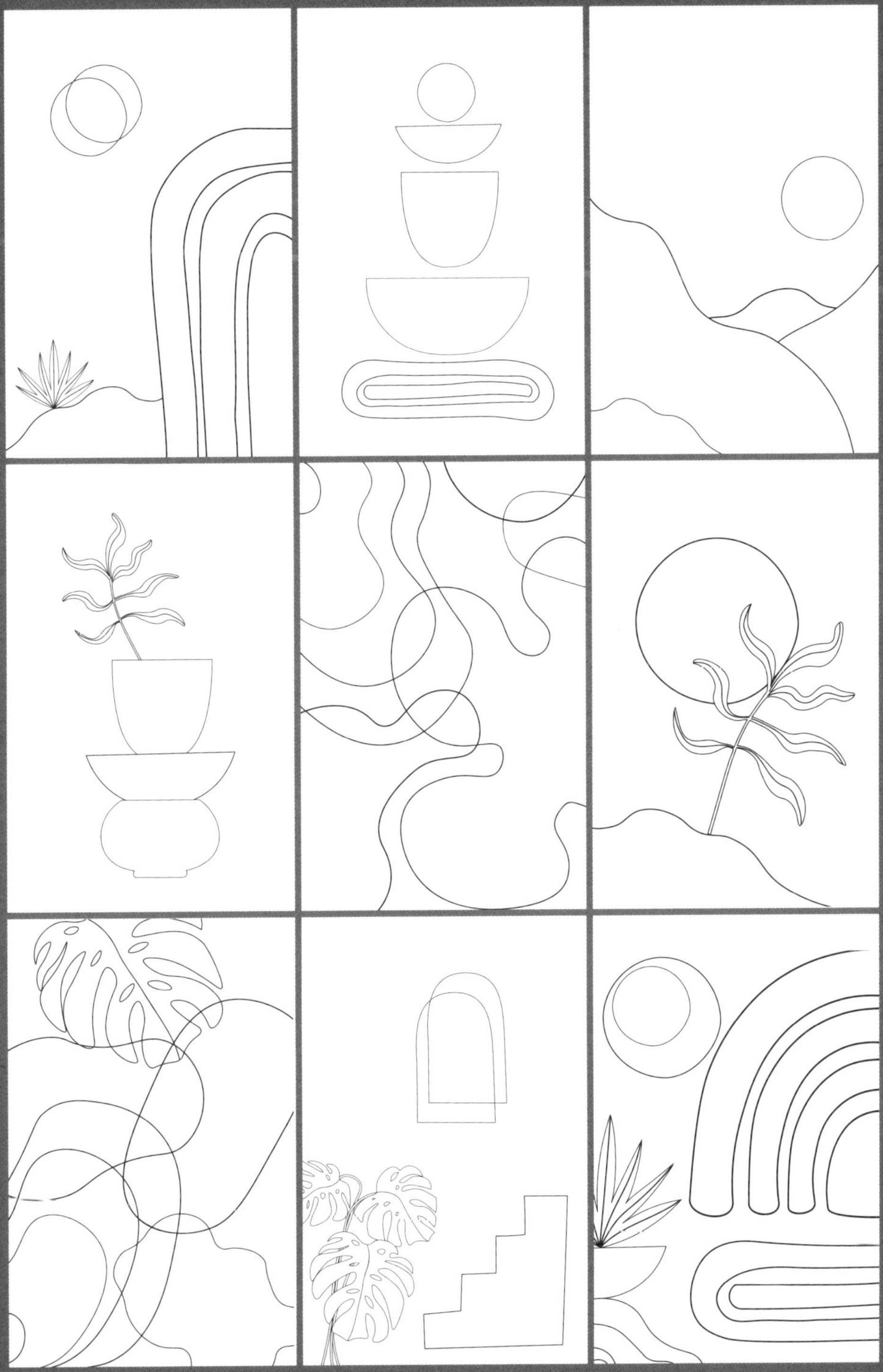

預見好玩的時刻

所需道具：

舊雜誌
目錄本
剪刀
海報背板
膠水
馬克筆（可有可無）

所需時間： 45 分鐘到一個半小時

製作未來願景板有助於規劃你們的人生，讓你們把大目標與夢想擺在第一位。

但這裡要做的不是那種偉大夢想板，而是作為情侶或夫妻，一同預想你們想一起做的小事（或大事），例如：薯條沾巧克力奶昔、為尋寶遊戲盛裝打扮，或 30 天一起學習一個新的語言。

步驟

1. 選定一個時間軸範圍（1 個月、半年、1 年、5 年等等）。
2. 把可以代表你們想做的事的圖片或文字，剪下來放在時間軸範圍內。
3. 把這些東西以拼貼的方式擺放在海報背板上，但先還不要用膠水固定。

4. 確定之後再黏貼上去,在空白處可以加上一些代表你們感情的文字或塗鴉,或者要是找不到你們想一起做的事的剪報,就用寫的。
5. 完成後把背板掛起來,這樣永遠都會有想不完的約會點子。

更加專注

🖊 **所需道具：**

鉛筆

⏱ **所需時間：**

兩分鐘到 1 小時

你們有多關心彼此和這個世界？現在就能知道啦！只要在一起，你們就可以在任何地方做這個小測驗。

步驟

1. 看看另一半對你有多留心，可以問他／她關於你周遭事物、其他人，或甚至是你個人的一些問題。如果你們已經在一起一段時間了、問周遭或彼此問題會太簡單，那就改用電影或電視節目來當作主題來問。
2. 輪流問對方問題，答對得一分，把分數記錄下來。
3. 你自己要先知道答案,但不要讓伴侶偷看到答案喔！例如你想問你穿什麼顏色的襪子，在問之前要先藏好，或是把電影暫停，問電影中人物後方的桌上放了什麼東西，再倒帶確認答案是否正確。
4. 如果想要花多一點時間來玩這個遊戲，可以把這頁夾上書籤，這樣就隨時可以回來記錄分數。看看誰觀察得最鉅細靡遺。

伴侶 1:   伴侶 2:

_____   _____

分數：   分數：

伴侶靜心時間

所需道具：

網路（可有可無）
舒適的座位
計時器
筆或鉛筆

所需時間：

5 到 10 分鐘

你們兩個可以靜靜地坐在一起、不說一句話嗎？這是兩人關係穩固的關鍵嗎？

這個活動的目的是希望你們可以一起放鬆，重新調整自己。

你們可以在忙碌的週末、約會之夜前，或下班回到家的時候試試看。

或者也可以一大早一起花點時間做，由此開啟心平靜氣的一天。

步驟

1. 若有網路，可以上網找適合你們的、有人引導的、簡短的靜心影片。你們是想找有助於提醒自己要保持良善的靜心冥想，還是睡前能放鬆身心的靜心冥想？如果你們不想跟著靜心冥想的影片做，也可以專注於自己的呼吸。請看書末參考資料，那裡有我們推薦的靜心冥想應用程式及網站。

2. 兩人靠近彼此坐下，要可以碰觸到對方的距離，像是正面盤腿對坐時，膝蓋可以碰觸到對方；或者可以手牽手。坐正、坐直，開始靜心冥想。
3. 如果不是跟著靜心冥想影片做，就設定計時器，練習 4-4-4 呼吸法，把氣從肺部全部吐出來，慢慢由鼻子吸氣，一邊數到 4，接著憋氣數到 4，吐氣數到 4，再憋氣數到 4。你們可以看著對方，也可以閉上雙眼。一直重複到計時器鈴響。
4. 做完後寫下自己的感受。如果你們可以把這個活動變成日常生活的一部份，那或許可以考慮買本日誌，把靜心後的感受記錄下來。

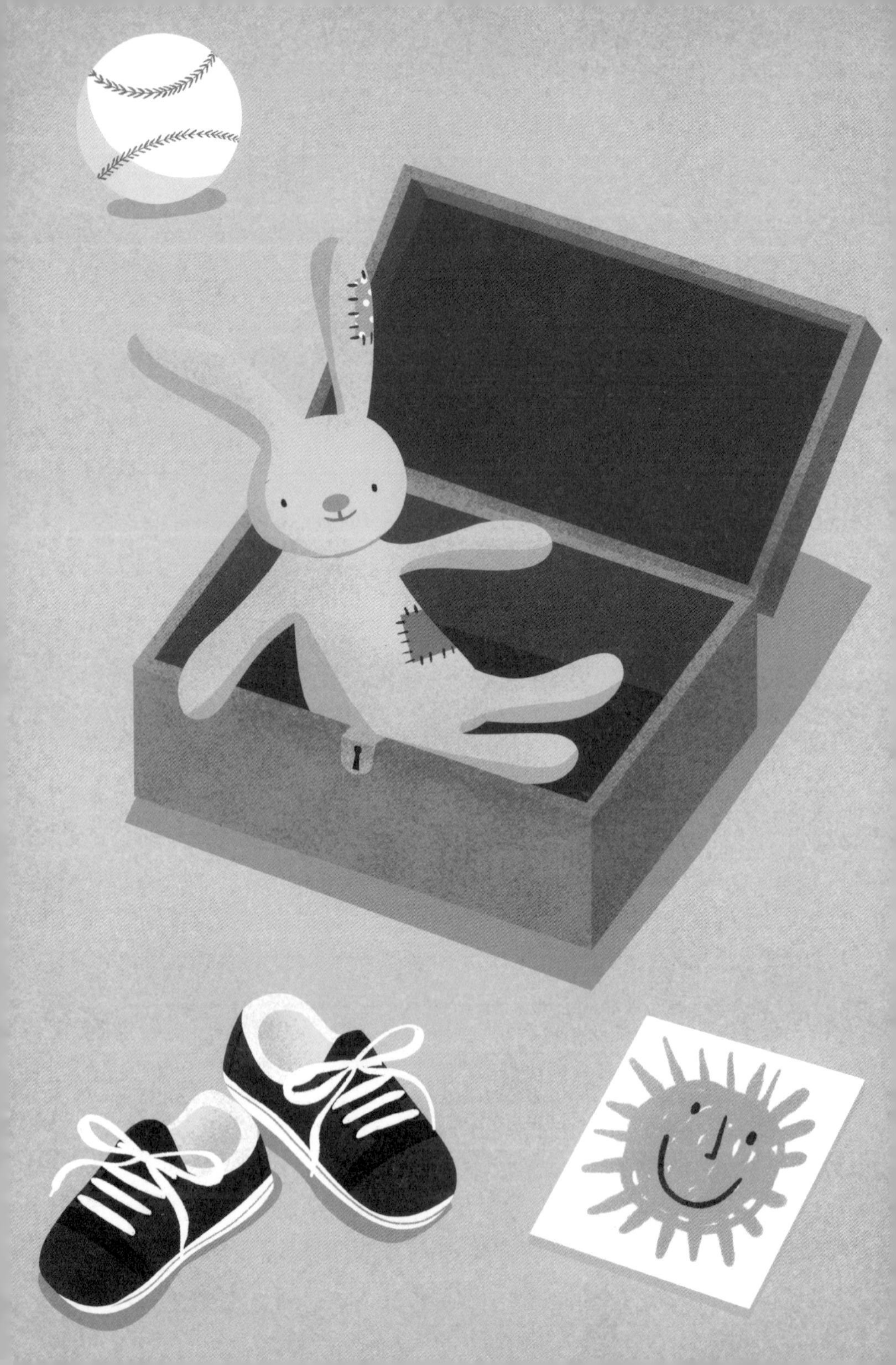

CHAPTER TEN
坦誠以對

不管你們在一起多久,一定還是有些事情是彼此不知道的。

本章的活動能讓你們問對方一些辛辣的問題,或者更深入地與對方分享自己的人生,看看你們到底有多了解對方。

過程中或結束後想繼續再問更多問題也可以。

我從沒有……

所需道具：

4 張紙盤（可有可無）
筆或馬克筆
4 支冰棒棍（可有可無）
膠帶或膠水（可有可無）

所需時間： 10 多分鐘，或想玩多久都可以

在這個遊戲中，你會驚訝地發現對方你所不知道的那面。
好好深入了解對方，也可以看看你們對彼此的熟稔悉程度。你們一定會玩得哈哈大笑，所以做些蠢事沒關係，好好地玩。

步驟

1. 你們可以直接用口頭回答，但如果想要用道具的話，可以做一些，例如在紙盤上寫「我沒做過」跟「我有做過」。可以把冰棒棍貼在紙盤上當把手。
2. 一開始要講「我從來沒有……」，然後講出沒做過的事，另一個人就要舉起紙盤說明有做過、還是沒做過。輪流說你們各自沒有做過的事。
3. 你們可以自己發想想要講的事（切記不要講那些會讓你們吵架的事），以下是點子，可以參考。

滾下山

吃魷魚

在公共場合跌個狗吃屎

去演唱會

偷看聖誕節禮物

做腳趾美甲

在電視購物台買東西

4. 如果想計分看最後是誰贏，可以把你們做過、跟沒做過的事記錄下來，誰先得到 10 分誰就贏。

小訣竅：你們可以直接講某個動作，不管自己有沒有做過，然後同時舉起紙盤，看誰有做過。

伴侶 1：   伴侶 2：
_____   _____

分數：   分數：

猜猜盒子裡有什麼？

所需道具：

能夠代表你們的物品
盒子
筆或鉛筆

所需時間： 20 到 30 分鐘

你的伴侶有多了解你？其中一個人先選一項可以代表他／她的物品，另一個人要猜猜是什麼。看要問幾個問題才能猜出來盒子裡的物品。

步驟

1. 選一個代表你的物品，可以是你的嗜好興趣，或任何你覺得可以代表你的東西。把它放到盒子裡，不要讓伴侶看到。
2. 讓伴侶問你是非題，來猜猜看到底盒子裡是什麼東西，把問題寫在下方，圈選是或否，這樣想回頭看問了哪些問題時會較方便。

建議可以問的問題：
是童年留下來的東西嗎？
在從事嗜好活動時會需要用到嗎？
跟工作有關嗎？
我看到盒子裡的東西會很驚訝嗎？

小訣竅：如果找不到盒子、或找不到那樣物品，也可以直接寫在紙上，放到信封裡。

_____	是	否
_____	是	否
_____	是	否
_____	是	否
_____	是	否
_____	是	否
_____	是	否
_____	是	否
_____	是	否
_____	是	否
_____	是	否
_____	是	否
_____	是	否
_____	是	否
_____	是	否
_____	是	否
_____	是	否

全都告訴我

⏱ **所需時間：** 5 到 20 分鐘

用以下 10 個題目對你的另一半進行訪談。你們對對方害怕或丟臉的事有多了解？也許某些答案會出乎你們的意料之外。

步驟

輪流問對方下列問題，也可以把自己想問的問題寫下來。

你有什麼可愛好笑、關於你自己的小祕密可以跟我講的？
你自己一個人的時候，會做什麼古怪好笑的事？
你人生的主題曲是哪首歌？
你最大的恐懼是什麼？
你人生中最丟臉的時刻是發生什麼事？
如果你必須選擇與現在不同的一個職業，你會選什麼？
如果要你放棄 5 個感官中的其中一項，你會選哪個？為什麼？
如果你可以養任何寵物，你會選哪個？
如果你可以變成另一個人過一天，你會選誰？
哪一種食物你可以每天吃，一輩子都吃的？

看見未來

✏️ **所需道具：**
筆或鉛筆
紙（可有可無）

⏱️ **所需時間：**
1 到兩分鐘

這個快速的小活動會顯現出你們的未來與狀態。哈！開玩笑的！但看到哪些字可以代表你跟伴侶，並一起想想這代表什麼意義，其實會蠻有趣的。

步驟
看看下面的圖片，圈出你們最先看到的 3 到 5 個字。你們可以一起做，也可以輪流。不管是先看到哪個字，這個字就是代表你們現在跟未來的狀態。你跟伴侶有看到同樣的字嗎？如果你們想重做一次，把看到的字寫在另一張紙上。解答在書末。

CHAPTER TEN　坦誠以對　**129**

I	U	Y	P	P	A	H	V	P	A	M	T	U	T
P	N	T	E	G	I	L	T	E	N	E	U	R	C
P	E	T	L	C	U	T	E	L	A	A	E	S	O
L	D	R	I	E	E	O	F	O	R	N	P	U	N
A	E	O	F	M	U	T	T	V	E	T	G	P	N
Y	R	J	M	E	A	S	N	I	V	T	N	P	E
F	O	N	O	T	C	T	D	N	E	O	O	O	C
U	M	H	L	Y	F	T	E	G	R	B	R	R	T
L	A	E	A	O	F	U	M	V	O	E	T	T	E
R	N	P	F	C	P	U	N	A	F	T	S	I	D
V	E	D	G	R	O	S	L	V	T	V	T	V	S
L	U	F	T	C	E	P	S	E	R	C	F	E	S
O	E	I	L	L	C	G	P	I	T	F	H	E	M
O	Y	F	F	G	N	I	T	S	U	R	T	E	E

瞄準真相

所需道具：
影印機
筆或鉛筆
紙片
硬幣或可以丟到靶上的小石頭

所需時間：
15 到 30 分鐘

　　如果你們想找個小遊戲來開啟對話，這就是最棒的活動，這個遊戲的結果取決於你是否能準確瞄準目標，所以專心瞄準！

步驟

1. 影印一張靶紙，把它好好平放。接著先決定你們要玩幾回合。
2. 一起選 3 個主題（例如童年故事、最喜歡的、祕密），然後針對每個主題發想一些問題。
3. 把問題寫在紙片上，每個主題都有一疊問題紙，蓋起來放在桌上。
4. 指定每個主題可以得多少分，比如說：
   「最喜歡的」是 5 分
   「童年故事」是 7 分
   「祕密」是 10 分
5. 把靶紙平放，把硬幣或小石頭丟到靶紙上。看你丟到哪個主題，就可以加幾分。從那個主題的問題卡抽一張，請你的伴

侶回答。
6. 輪流換人,一直到一整回合結束。最後總計分數,看誰是贏家。

以下是一些問題的範例。

「最喜歡的」:
　　如果你一生中只能吃一種料理,你會選哪個?
　　講 3 個非必要的物品、但你生活中卻一定需要的東西。

「童年故事」:
　　在成長過程中,誰讓你覺得最丟臉?
　　在成長過程中,哪個事件造就了現在的你?

「祕密」:
　　有哪件關於你的事是你從來沒告訴過我?
　　你最害怕什麼?

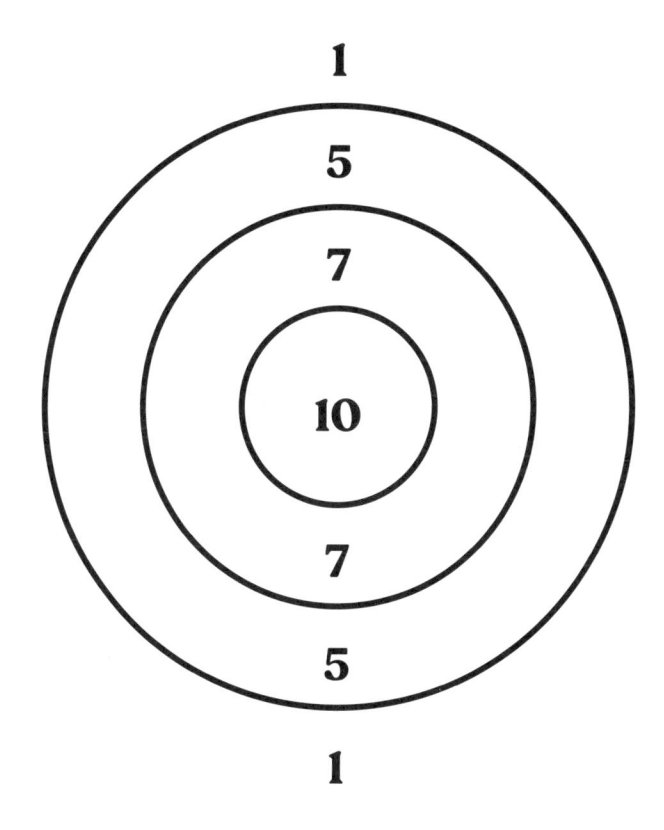

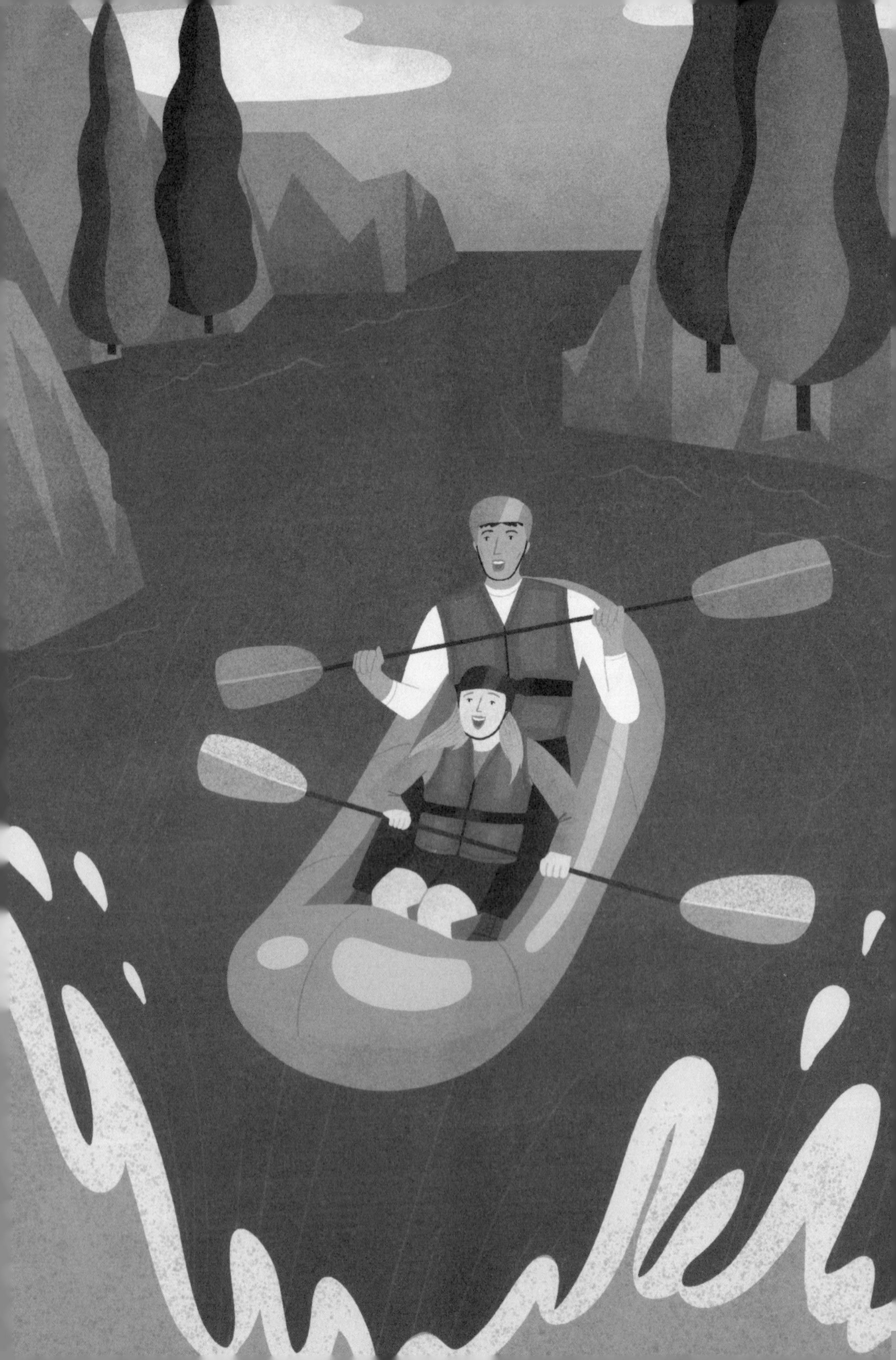

CHAPTER ELEVEN
勇敢

這個章節要帶你們跳脫出舒適圈,勇敢接受命運的安排。

為生活多添加一些新鮮感,例如隨機挑選約會計畫、轉瓶子決定給對方按摩、或做家事,或是挑戰一下、看敢不敢在外面一起做些荒誕的事。最重要的是你們享受彼此的陪伴跟一起冒險。

自製障礙賽

所需道具：

筆或鉛筆
紙
計時器
賽道上的物品像是水煮蛋、球、湯匙、可以踩踏或跨越的東西、毛線、圍巾、書（或任何你想放在賽道上的物品）

所需時間： 1 到兩小時

你會為自己心愛的人克服多少障礙？你們兩個誰能最快抵達終點？你們可以像小孩那樣，自行決定這個遊戲要多好笑、多刺激。

步驟

1. 設計、製作障礙賽賽道，這取決於你們家有什麼、有多少空間，跟你們的身形。請來設計一個專屬於你們的賽道！

    以下是一些設計障礙賽道的點子：
    - 用毛線或比較細的圍巾，在地板上拉一條直線，像走鋼絲一樣
    - 把水煮蛋或小球放在湯匙上、同時保持平衡
    - 把家中可以找到的物品放在地上，小心走過不要碰撞

- 踩過或跨過小凳子或長椅
- 親你的伴侶一下
- 完成指定任務（例如：做 10 下開合跳）

2. 把挑戰順序寫下來，這樣你們就會知道要做什麼。設定起跑線跟終點線，然後沿著賽道出發，彼此幫對方計時，看看誰最快完成。

驚喜小禮物

所需道具：

給朋友的小禮物

標籤或小紙條

所需時間：5 到 10 分鐘，再加上開車時間

你們對彼此有很多愛,那為什麼不分享一點出去?一起為某人做些貼心的事,也讓他們感受被愛。而且為別人帶來一些小小的驚喜,也會讓你們覺得很感動。

步驟

1. 選一位你們覺得重要的朋友,一起發想要送什麼禮物給對方。
2. 把禮物包好,附上小紙條,寫明是誰送的,還有他／她對你們的意義,希望能讓他／她有美好的一天。走路或開車去這位朋友家,把禮物放在門口,按下電鈴就快速離開(如果朋友家有狗或小嬰兒在睡覺,可能比較不適合按電鈴,不按也沒關係)。
3. 如果沒有按電鈴,也可以傳訊息給朋友說「叮咚!門口有小驚喜」,這樣他／她可以去收禮物。(不要太晚去,或在朋友睡覺的時候按電鈴,這是禮貌)

交給命運決定

✏️ **所需道具：**

筆或鉛筆

⏱️ **所需時間：** 15 分鐘

交給命運來決定你們兩個人約會時要幹嘛。還記得小時候玩的 M.A.S.H 嗎？這是個逗趣的小遊戲，預測自己以後會跟誰結婚、以後會住在哪裡之類的。我們就用 M.A.S.H 的規則來規劃一場約會吧！

步驟

1. 決定誰要當記錄，填好下一頁關於約會要幹嘛的表。
2. 別讓伴侶看到，你先慢慢地在這頁的框框裡畫螺旋線，直到伴侶說停。數數看這個螺旋線有幾個圈圈，把數字寫在這：_____
3. 用這個數字刪掉每個類別裡的選項，最後只保留一項。從第一個類別開始，再到下一個。總之在所有選項裡數完這個數字，看最後會停在哪個選項，就刪掉那個選項，然後再數一次，刪掉最後停住的選

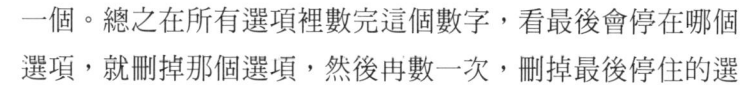

項,重複幾次後看每個類別中剩下哪一個選項,就是你們下次約會要做的事!

料理種類

服裝風格

活動種類

音樂類型

___

飲品種類

___

其他（咖啡、甜點等等）

___

轉瓶子

📝 **所需道具：**

紙
筆
瓶子

⏱ **所需時間：** 30 分鐘以上

你們已經知道今天要親誰了，所以這個轉瓶子遊戲跟一般的不太一樣，但是絕對可以為你們的夜晚增添樂趣，或以更有趣的方式來分配家事。

步驟

1. 在紙上畫一個圈，分成 6 塊或 6 塊以上。你們可以用下方圖片作為範例，在每個區塊中寫上一個動作。請參考本頁範例，想出你想要對方做什麼，例如像是貼心、性感火熱、好笑可愛，或比較務實的事，像是做家事。
2. 決定誰先轉瓶子。把瓶子平放在圓圈中心，不管瓶口最後指到哪，都要做那個指定的任務，然後換人。如果指定的任務是做家事，有可能需要花點時間來做。你可以記錄下來要做的事，遊戲結束後確定對方真的有完成任務。這個遊戲想玩多久都可以。

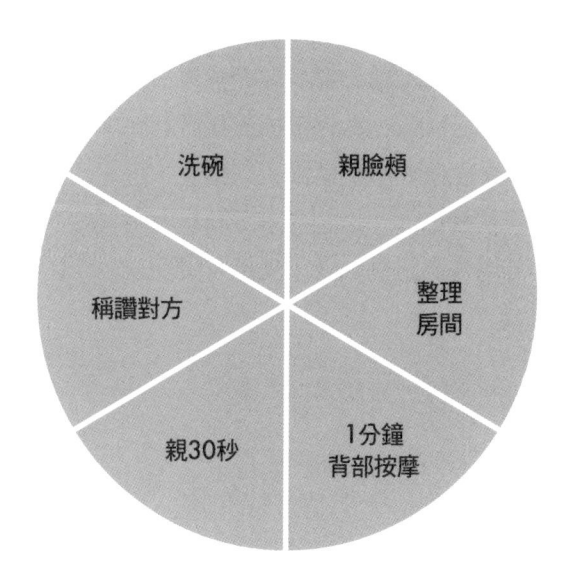

- 洗碗
- 親臉頰
- 整理房間
- 1分鐘背部按摩
- 親30秒
- 稱讚對方

怪裡怪氣

所需道具：
視情況而定

所需時間：
15 分鐘以上，再加上開車或走路的時間

你喜歡對方古怪的地方嗎？你們可以不怕丟臉一起在公共場所做些稀奇古怪的事嗎？我們來試試看吧！

警語：如果你們非常不喜歡受到關注，這個活動可能會超出你跟伴侶的舒適圈。

不過建議你們還是試試看，只是可以配合自己的步調或個性來調整內容。

步驟

1. 一起出門做些怪裡怪氣的事吧！

建議你們可以做：

- 到公共場所，戴著耳機但不把耳機線連接到任何裝置，熱舞一番。隨意地甩動耳機線，讓大家很明顯可以看出來耳機裡根本沒有音樂。
- 在一般簡餐店裡把桌子鋪上桌巾、擺好銀製餐具，盛裝打扮，像是要參加畢業舞會、或是自己的婚禮。
- 兩人合唱一段阿卡貝拉，看有沒有其他人會想加入你們的合唱。

- 隨便問路人今年是那個年份,然後轉向你的伴侶,演出驚訝的神情。

2. 觀察一下路人的反應。你們可以把這些反應記錄下來,往後一起回顧時一定會大笑。

我們做了什麼:
_____

路人的反應:
_____
_____
_____

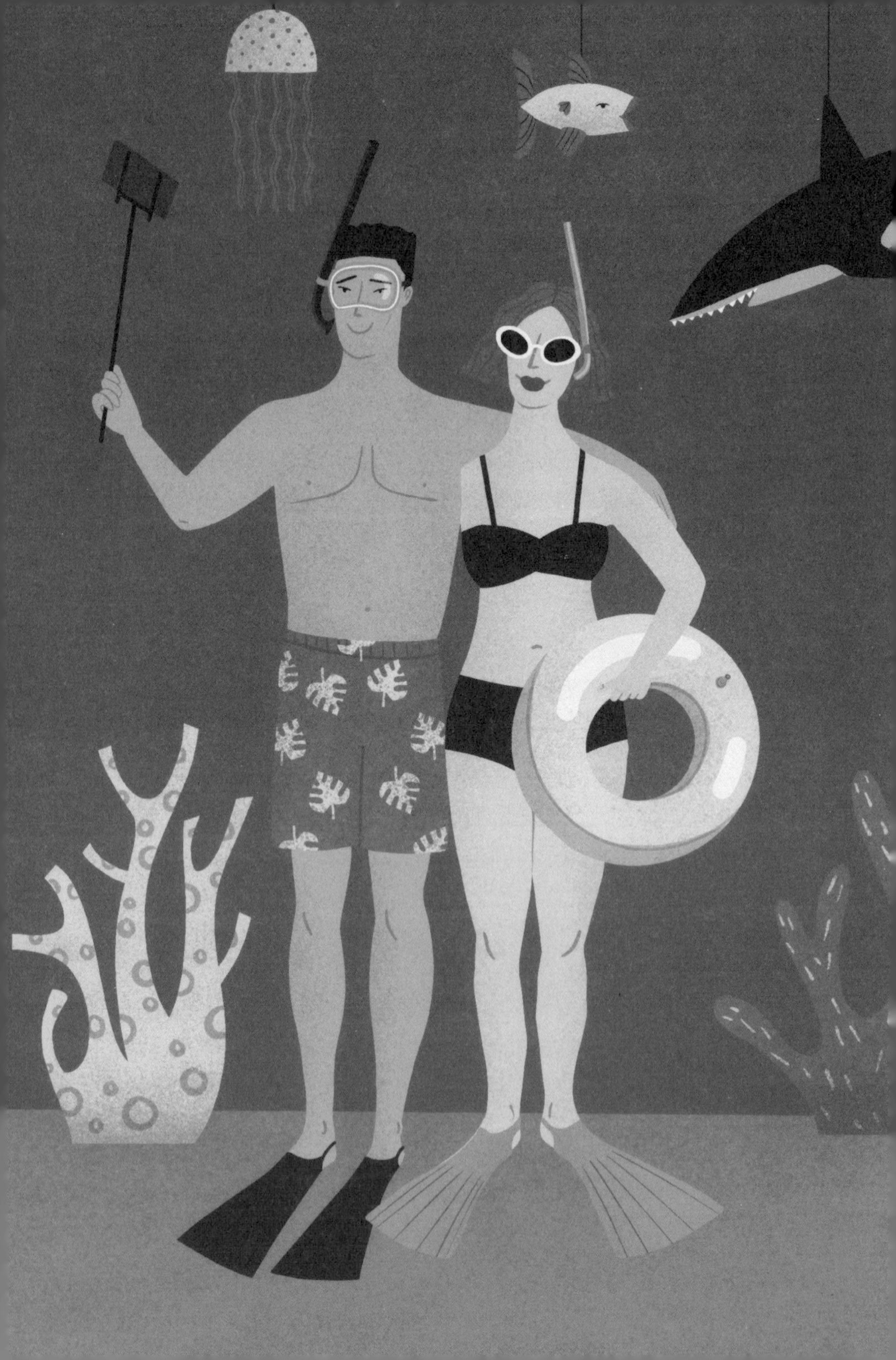

CHAPTER TWELVE
創意

一起創作有助於放鬆身心，同時兩人還可以一同投入某件事，比起兩個人只看電視好多了（至少有些時候比較好）。

若是滑稽好笑的歌、老掉牙的美勞手作跟烤餅乾（還有動口吃），聽起來像是你們會想在下午或晚上空閒時間做的事，那你們一定會非常喜歡這個章節的活動。

你們可以一起做出些東西，一起幫對方打扮（不想也沒關係），並享受彼此的陪伴。你們也可以把好幾個活動合併在一起，變成終極的創作之夜。

改編情歌

✏️ **所需道具：**

手機
電腦
網路
筆
紙

⏱️ **所需時間：**

30 分鐘到 1 小時以上（若有拍攝影片會需要更久的時間）

這個有趣又可愛的活動可以讓你們重溫第一次見面、開始約會時小鹿亂撞的心情，而且你們也會有一首專屬自己的「我們的歌」。

或許你們沒辦法在電台廣播聽見這首歌，或像其他情侶聽見專屬歌曲時熱舞一番（除非你們自己把創作錄下來），但每次你們聽到原曲時，可以一起笑著唱自己改編的版本。

步驟

1. 回憶你們第一次見面跟後來是怎樣變成情侶。
2. 選一首你們都喜歡的歌，或是找一首容易哼唱的歌來改編。你們可以從第一段開始，也可以直接改編副歌（有時候改編副歌比較簡單），把你們相愛的故事改編成可愛或好笑的歌詞。也可以加入一些幽默的元素，讓歌詞好笑、但又能講述你們之間的故事。

以下是一些提示：
你們是在哪認識的？_____
那時候穿什麼樣的衣服？_____
第一印象是怎樣？_____
誰在你們身旁？_____
當時在做些什麼？_____
第一次約會時發生了什麼事？_____
第一次約會結束後有什麼感覺？_____

小訣竅：如果你們特別有靈感，或想增添樂趣，可以找出這首歌的伴唱版，然後用自己的歌詞拍成影片。

在這裡寫下改編的歌詞：
_____
_____
_____
_____
_____
_____
_____
_____
_____
_____
_____
_____
_____
_____

一起手作

✏️ 所需道具：

依情況而定

⏱ 所需時間：

1 到兩小時，依情況而定

一起創作東西時，你們能合作無間嗎？每個人都有自己的強項、弱項，這樣分配誰去做什麼事、各自勝任，就很簡單。

不過，跟自己愛的人一起創作東西，能讓你們把這些個人特質完美地全新整合在一起。

步驟

1. 選擇你們都想製作的東西（或想做的事情），不一定要是你們的強項，可以是你們兩個都感興趣、但沒有太多經驗的事物。理想的狀態是，你們兩個對這件事只有一點點經驗，但手邊有足夠的素材可以使用。

   以下是參考範例：
   - 烤蛋糕
   - 做陶藝（捏陶土也可以很性感）
   - 製作剪貼簿
   - 畫油畫
   - 煮新的料理
   - 自己動手組裝書櫃

如果其中一人已經很熟知如何做這件事，最後就會演變成一人負責教、一人負責學，所以最好選你們兩個都不太會做的事比較好。

2. 決定好要做什麼之後，一起準備材料、還有步驟做法。
3. 兩人同心合作完成，切記兩人都要投入一樣的心力。
4. 把想法寫在這下面，一起完成之後可以在這邊打勾。

☐ _____
☐ _____
☐ _____
☐ _____
☐ _____
☐ _____
☐ _____
☐ _____
☐ _____
☐ _____
☐ _____
☐ _____
☐ _____
☐ _____
☐ _____
☐ _____

我們的餅乾食譜

所需道具：

基礎的餅乾食譜與材料
餅乾配料
攪拌盆
攪拌刮刀
烘焙紙
烤箱
糖霜與裝飾用巧克力七彩米（可有可無）

所需時間： 45 分鐘

既然現在你們已經有自己專屬的歌曲（參見前頁），那為什麼不加上專屬兩位口味的餅乾，來代表你們的感情呢？

一同發揮兩人的獨特創意，共同合作做出最能代表你們的小點心。

步驟

1. 找一個你們覺得兩人都會喜歡做的、最入門款的餅乾食譜。可以找糖霜餅乾、燕麥餅乾或巧克力豆餅乾。然後按照食譜製作麵團。
2. 決定你們要加入什麼可以代表「你們」的食材。如果你喜歡巧克力、而你的伴侶喜歡開心果，你們就可以在麵團裡加入這兩樣。還有什麼其他食材能夠讓這個餅乾的風味更獨特嗎？加花生醬？奶油糖？蔓越梅乾？核桃？

3. 將麵團放置冰箱（如果需要的話）後，揉成球狀並按照食譜設定，放入烤箱。
4. 餅乾烤好放涼後，可以直接吃，也可以再多做一些裝飾，來代表你們兩人的感情。
5. 把食譜寫下來，世世代代傳下去。

食譜

食譜名稱_____

份量_____ 準備時間_____

食材

_____ _____
_____ _____
_____ _____
_____ _____
_____ _____
_____ _____

步驟

_____
_____
_____
_____
_____
_____
_____

拍張搞笑照片

✎ 所需道具：

搞笑或可愛的道具（可有可無）
相機或手機相機
腳架或自拍棒（可有可無）

⏱ 所需時間：10 分鐘以上

在毫無限制的相片拍攝中，展露你們各自的性格。你們可以珍藏這些照片，也可以分享給大家看。這個活動是要讓你們無限發揮自己的創意與搞笑天份。

步驟

1. 決定拍攝地點、製作或找到要用的道具，以及選擇服裝。搭配一下兩人的服裝，或是隨性以現在身上穿的衣服也可以。
2. 擺好相機腳架或架好自拍棒，或兩個人靠近拍搞笑臉部特寫自拍。
3. 輪流幫彼此拍動態的照片。
4. 你們可以上傳到社群媒體，或者下次要做節日卡片、還是有什麼重要大事宣布的時候，都可以拿來使用。
5. 把最喜歡的幾張照片印出來，貼到冰箱上，或放到相框裡。

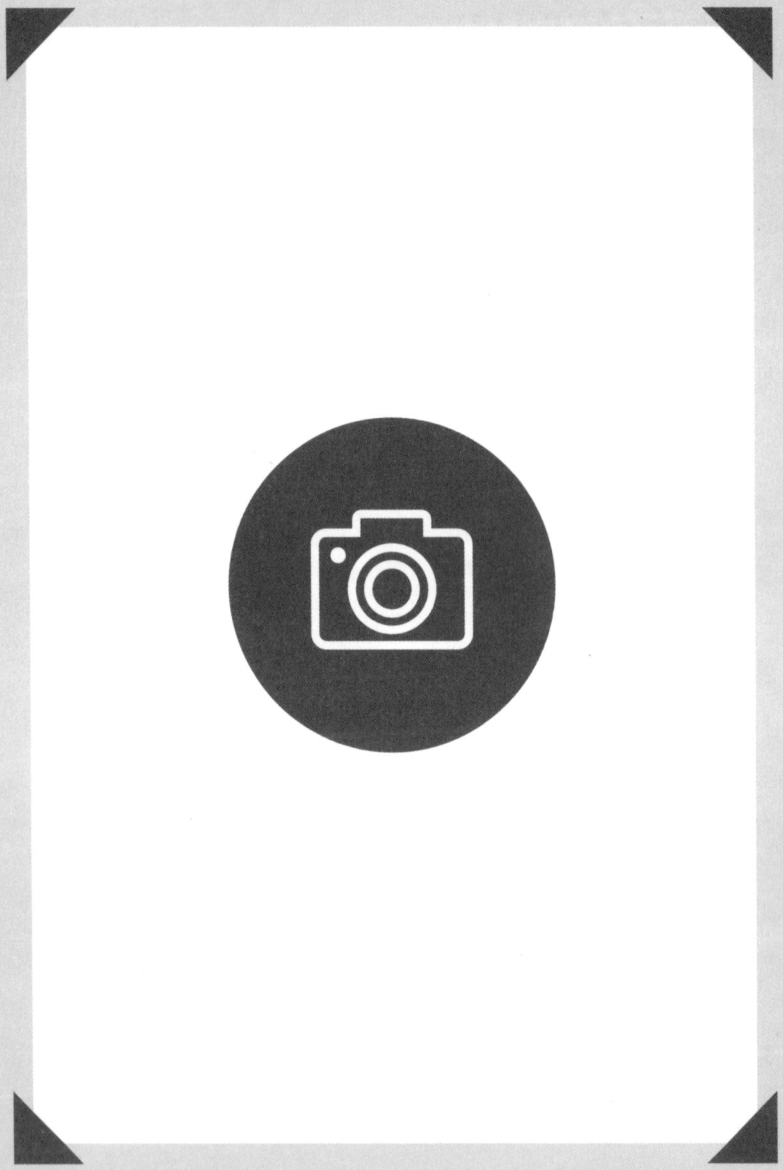

手印紀念物

✏️ 所需道具：

報紙

畫布

兒童無毒可水洗或廣告顏料（兩種顏色）

紙盤

鉛筆

奇異筆或彩繪筆

⏱️ 所需時間：30 分鐘

為什麼我們總是喜歡幫小嬰兒或小孩留下手印當作紀念？這個活動是要製作你們的手印信物，來紀念你們對彼此的愛。

步驟

1. 把報紙鋪在桌上，再把畫布放在報紙上。
2. 把顏料倒到兩個紙盤中，一個紙盤一種顏色，倒大概可以覆蓋整個手掌的量。
3. 手比較大的人先。一隻手先沾滿顏料，每隻手指上都要均勻覆蓋到顏料，從手掌到指尖。
4. 手輕輕地放到畫布上，再用力按壓，小心不要把顏料弄糊或暈開。

5. 另一個人重複步驟 3 跟 4，沾另一個顏色把手印蓋在另一個人的手印上。
6. 在手印下方用鉛筆寫上「自〔年份〕在一起」，用鉛筆打好草稿後，再用奇異筆或彩色筆描上，等顏料乾了就可以掛起來當裝飾了。

HEY
HOT
STUFF
You're so Hot
SPICE
THINGS UP
YOU SET MY
EVERYTHING
ON FIRE
HOT CHILLI SAUCE!
HOT
YOU SPICE
UP MY LIFE

CHAPTER THIRTEEN
火熱

已經在一起很久的情侶或夫妻有時需要重燃愛火。那就用這個章節的活動來試試看吧!

你們可以一起嚐嚐世界各地運用香料製作的料理（有些甚至有挑起情慾的作用），或者，試試看用新的眼神挑逗對方，讓伴侶融化在你熾熱的眼神中。

一起製作辛辣料理

✐ 所需道具：

　　辛辣料理的食譜
　　所需食材
　　廚具

⏱ 所需時間： 45 分鐘以上，依食譜而定

　　有人說辛辣料理可以挑起情慾。這個活動是要你們一起做一道充滿辛香料的料理，記得加上辣椒、卡宴辣椒、肉桂、辣椒粉，或其他香料粉喔！

步驟

1. 先決定要做什麼料理。可以試試看墨西哥、泰式或印度料理。選一個可以當作正餐的菜，像是咖哩或辣味塔可，還可以搭配帶點微辣感的巧克力甜點。
2. 出門購買所需食材。
3. 一起備料，一起做這道菜。
4. 把餐桌擺飾好，餵彼此吃這道料理，好好享用這一餐。

以下是你們可以快速簡便製作的辛辣小點：
食材：
一茶匙肉桂粉
一小撮鹽
一小撮卡宴辣椒粉

162　一起玩遊戲！

適量辣椒粉
一茶匙可可粉
兩茶匙椰子油
3 茶匙蜂蜜
半匙杏仁果

1. 把肉桂粉、鹽、卡宴辣椒粉、辣椒粉、可可粉放到碗中。
2. 加上椰子油與蜂蜜一起攪拌混合。
3. 加入杏仁果並攪拌均勻。
4. 將均勻混合好的杏仁果鋪平在烘焙紙上。
5. 放入冰箱或冷凍庫,冰冰的比較好吃,也比較不黏手。
6. 完成後就可以餵彼此吃這個美味小點。

小訣竅:若是你們中有人不喜歡吃辣,也可以試試看其他可以挑起情慾的食物,例如用巧克力、覆盆子、酪梨、杏仁果、甚至是蘆筍,來做做看不同料理。

魅惑眼神

⏱ **所需時間：** 兩分鐘

用魅惑眼神來挑逗伴侶，越火辣越好。警語：有的時候可能會從「性感火辣」變成「搞笑」，所以不要做得過頭喔！看看最後會變成怎樣。祝玩得開心心！

步驟
1. 練習要給對方看得魅惑眼神，不要只是盯著對方看而已喔！看誰能成功做出魅惑眼神而且不笑場。

小提醒： 越認真的表情，越有可能會逗對方笑。

2. 要把自己最火辣的神情記下來，將它發揮最大的效果，讓你跟伴侶經常在對方沒有預料到的時候，突然做出這個表情。
3. 準備好後就可以試試看效果如何。

骰子遊戲

✏️ **所需道具：**
骰子
筆或鉛筆

⏱️ **所需時間：**
15 到 20 分鐘

　　這個活動的目的是希望你跟伴侶可以有一些創意發想。依據你們所寫下的事情，把它們變成專屬於你們兩人的活動。用骰子來決定今晚要做些什麼吧！

步驟

1. 先填寫下列的「動作」與「身體部位」欄位部分。所謂的「動作」，可以是按摩、親吻、畫畫、搔癢、取綽號，或寫詩。請儘量發揮創意。
2. 決定誰先開始。由開始的第一個人擲骰子，決定「動作」，再擲一次決定「身體部位」。
3. 另一個人就要按照骰子的結果做出相應的動作（例如：寫出一首關於伴侶手肘的情詩）。然後換人擲骰子，想玩多久就玩多久，沒有時間限制。
4. 你們也可以更改「動作」跟「身體部位」的內容。這樣每次都像玩新的遊戲。

動作　　　　　　　　　　　身體部位

⚀ _____　　⚀ _____

⚁ _____　　⚁ _____

⚂ _____　　⚂ _____

⚃ _____　　⚃ _____

⚄ _____　　⚄ _____

⚅ _____　　⚅ _____

盛裝打扮

所需道具：

衣櫃裡的服裝
配件飾品（可有可無）
化妝品（可有可無）

所需時間：

20 分鐘，不包含用餐、活動或開車（若決定出門的話）的時間

你信賴你的另一半幫你挑選服裝、配件飾品，甚至化妝品嗎？你另一半的選擇代表什麼意義呢？新造型會有多好看（或好笑）呢？

步驟

1. 決定你們要去哪裡，這樣可以給對方一些選擇衣物的準則。重點不在於讓伴侶感到尷尬，除非你們兩個決定要走這個路線。如果你們決定是約會裝扮，雖然不會讓對方出醜，但因為服飾的搭配選擇可能有好幾萬種，最後你可能要穿著這樣怪怪的服裝好幾個小時。
2. 看看對方的衣櫥裡有哪些衣服跟配件，幫對方選一套穿搭。如果要化妝，就請伴侶從你的化妝品裡挑選要用哪些化妝品跟顏色。

CHAPTER THIRTEEN 火熱

3. 用伴侶為你挑選的衣物換裝打扮,出門約會。
4. 打扮完後記得一起拍照留念。

小訣竅:如果不想從衣櫥裡挑選服飾,也可以去到二手店找找有沒有便宜又好看的衣物,為穿搭增添一些魅力。

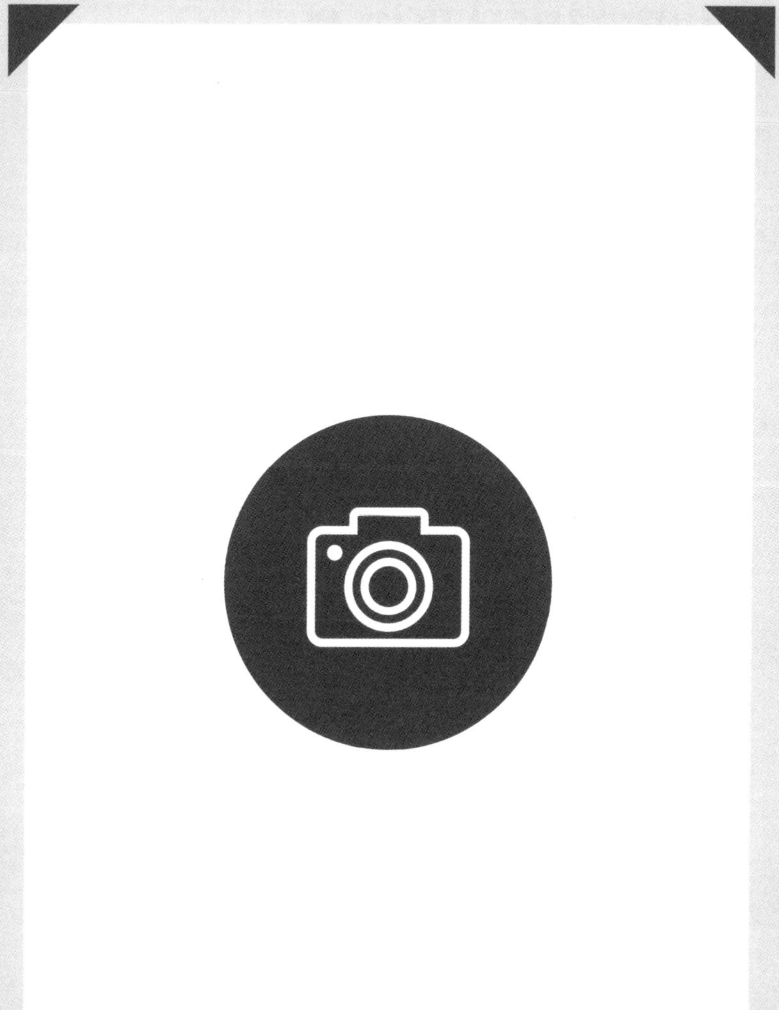

一起跟著影片學探戈

🖉 所需道具：

洋裝

西裝

皮鞋（一開始不建議穿太高的跟鞋）

線上探戈教學影片

⏱ 所需時間：

45 分鐘到 1 小時，或是分成好幾堂課

把你們的熱情轉化為身體的舞動，藉由跳探戈來表達你們的情意。

你們可以上網找免費教學影片，按照自己的步調學。如果需要網路課程的建議，可以翻閱書末的網路參考資源。

當然，學跳舞可不是一個晚上就練得起來的，所以你們可以規劃每週或數月一次，在晚上約會時來段舞蹈。

步驟

1. 穿上性感的舞衣，事先看一下跳舞的教學影片。
2. 跟伴侶選一個你們覺得最容易上手的教學影片。可以在電腦上看，也可以跟著影片一起跳。若是可以把影片放到電視螢幕上，可能比較容易可以跟著影片一起跳。
3. 第一堂課你們可以決定要花多久時間練習，再決定多久練習

一次。或許你們想要每天都練一下，若是想在平日晚上的約會練也可以。怎樣的規劃都可以，最重要的是，一起開心地學習新的事物。

小訣竅：如果你們已經知道怎麼跳探戈，也可以試試看其他舞蹈，像是騷莎舞、巴恰達舞或倫巴舞。

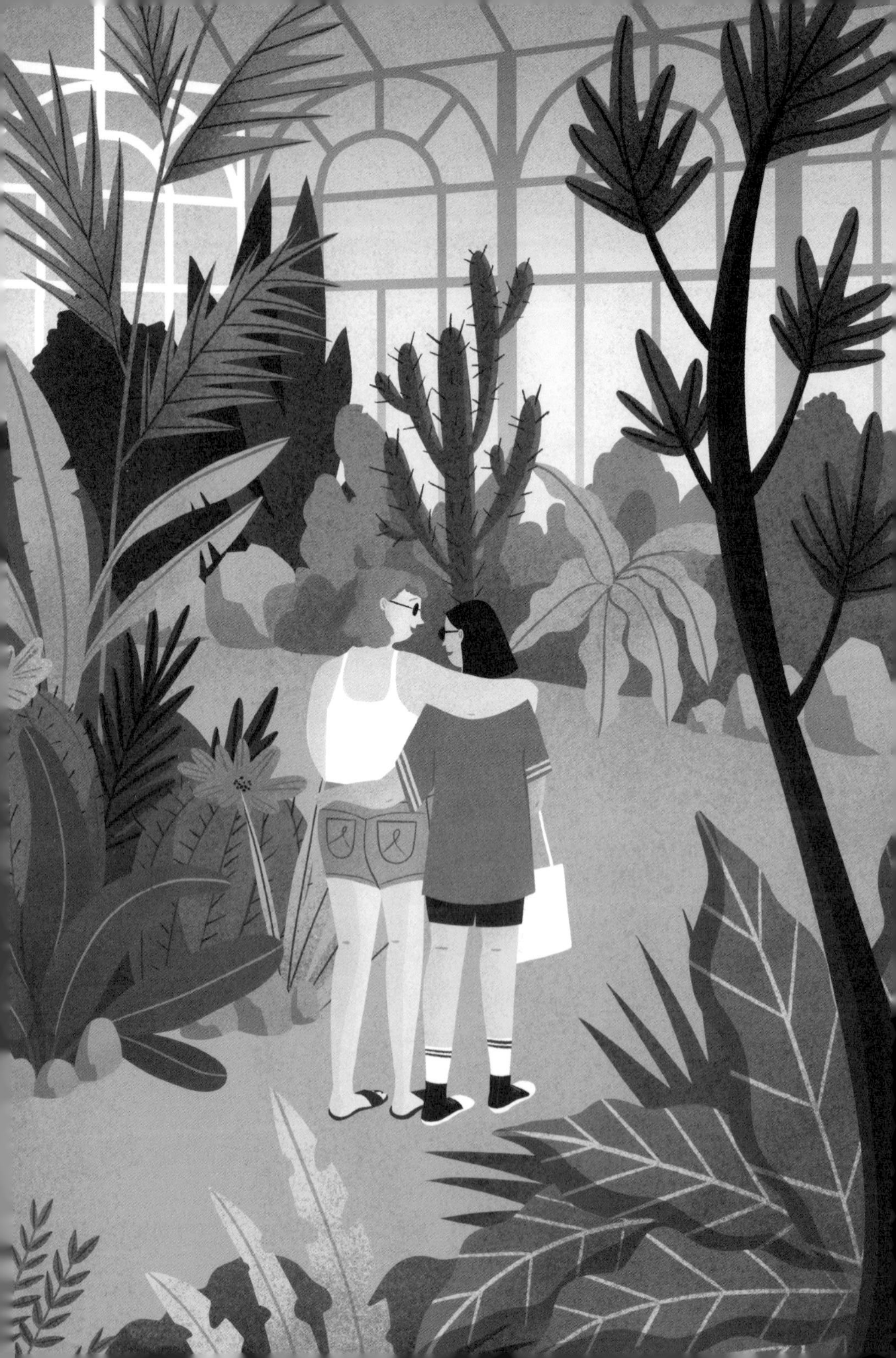

CHAPTER FOURTEEN
去戶外走走

陽光、運動、優質的共享時光,全都能讓你們心情大好,所以到戶外走走,曬曬太陽,有助於增進你們的連結,強化你們的感情。

這個章節會提供一些點子,讓你跟伴侶一起到戶外走走,增加維他命 D 的吸收,或活動一下身體。出門跑步、跳舞、在城市裡徒步逛逛、一起整理花園、或一起出門野餐都很不錯。

有些活動甚至能讓你們做些善事,像是幫慈善機構募款、支持在地商家,或自己種種菜。

一起走路或慢跑 5 公里

所需道具：

網路（可有可無）
手機（可有可無）
慢跑鞋
運動服
跑步機（可有可無）
水瓶

所需時間： 30 分鐘到 1.5 小時

出門活動也能做善事。你們可以參加社群舉辦的路跑，或參加室內馬拉松虛擬路跑（若是你們分隔兩地，或目前社群沒有舉辦活動，虛擬路跑也行）。

步驟

1. 報名參加社群或附近城鎮舉辦的路跑活動。
2. 如果家裡附近沒有舉辦，也可以上網搜尋虛擬路跑活動，可以到 GoneForaRun.com 或 VirtualRunEvents.com 等網站，或是任何在網路上可以找到的虛擬路跑活動。
3. 穿著跑鞋與運動服，把 5 公里的路線用 Runkeeper.com 這樣的網站記錄下來，或者也可以在健身房裡用跑步機。如果你們已是有經驗的跑者，也可以參加更長距離的路跑活動。
4. 利用這次機會跟伴侶一起訓練，下載 Charity Miles 的應用程式，累積哩數為公益團體募款。記得帶上水瓶！

在家開舞會

✏️ **所需道具：**

音樂與手機播放程式（可有可無）

⏱️ **所需時間：** 想要多久就玩多久

沒有任何規則、沒有要學什麼舞步、不需要有老師指導，也沒有任何音樂的限制。

唯一的限制就是你的音樂的品味跟家裡有多少空間可以讓你們舞動身體。

要是你們不擅長跳舞也沒關係，一起放聲大笑、享受這個快樂時光就好。

步驟

1. 播放音樂，音量調大。
2. 如果你們想自己組合一個歌單，就事先花點時間準備。你們可以把想法寫在這頁下面，然後在 Spotify、Pandora，或其他音樂串流平台建立歌單。
3. 一起跳舞，讓伴侶看看你的經典舞步，不管好不好看都沒關係，就一起胡搞。也教對方你自己的獨門舞步，看你們可以把多少舞步串在一塊（輪流一次一種獨特舞步），然後記下來變成你們專屬的舞風。

舞會音樂播放清單：

_____

_____

_____

_____

_____

_____

_____

兩人的花園

所需道具：

筆
種子或栽苗
盆器或庭院中的一小區（記得要讓植物有充足陽光）
土
澆花器或水管
鏟子
肥料

所需時間：

30 分鐘到好幾小時，取決於你們要種什麼、或種多少植物

讓你們的愛苗發芽茁壯！一起創造你們的專屬花園，不管是大片的蔬菜園、室內各種不同的小型植栽，或只是幾束鮮花來裝飾，都可以。

步驟
1. 一起討論你們想在家裡的哪個區域裡種些什麼。研究一下怎樣的植物能在家裡也能生長得很好。把想法寫在下一頁。
2. 買種子或栽苗，並準備好工具，例如盆器、土、澆花器、鏟子和肥料。找一個下午來把這些種子或栽苗種下。
3. 若你們一起住，可以先決定你們要如何分工照顧這些植物。

等到收成時刻（假設你們有種蔬果），你們可以用自己種的蔬果做成料理，當作約會之夜的主題。

小訣竅：若空間有限或家裡沒有院子，也可以用盆子打造一個微型花園，或在室內種一些小型植栽，像是薄荷、香菜、羅勒等等。

要種植的清單：

_____   _____
_____   _____
_____   _____
_____   _____
_____   _____
_____   _____
_____   _____
_____   _____
_____   _____
_____   _____
_____   _____

當成觀光客

所需道具：

筆
交通工具
參加活動或觀光景點的門票（可有可無）
相機（可有可無）

所需時間：1 個小時或更久

用全新的視角看看自己住的地區。做一些從你們搬到這裡來就一直想做的事，像是觀光客一樣，而不是用居民的角度來看待這個區域。別忘了拍照留念。

步驟

1. 列出你們想做的事、或是想去觀光的地方。像是你們總是掛在嘴邊說「下次」會去的博物館、公園或是餐廳，現在就有好的理由可以去啦！
2. 規劃行程，把想去的地方規劃成一日遊、或週末二日遊。也許你會發現有太多事情想做，但因時間或預算的限制，可能需要分成好幾次才能完成。把這些地方標上編號，方便規劃行程。穿著休閒服飾準備出發。記得拍照留念喔！

想做的事與想去的地方：

去野餐

所需道具：

食物

飲品

野餐籃或行動冰箱

所需時間：1 個小時或更久

不管是即興想到、或是事前規劃好，野餐總是輕鬆又可愛的小活動，可以享受絕美的風景，還有與自己最愛的人在一起。

從下面你們可以找到一些點子，讓野餐更有趣。

步驟

1. 出門前先準備好野餐籃，或是把食物跟飲品放到行動小冰箱，再選定一個漂亮的地方去野餐，像是在河岸邊、公園裡，或是自家後院也行。而且沒有一定要是午餐時間才能野餐。
2. 若想早起一起看日出，先設定好咖啡機，事先準備好早餐，準備好就能帶上咖啡跟早餐，在天還沒亮之前出發。一起享受靜謐、安靜的早晨。
3. 或是也可以一起看日落，來場傍晚的野餐。準備好一些水果、各種口味的起司、三明治、其他小點、飲品，下班後就能出發野餐。

解答

第 2 章
愛的填字遊戲

橫向：

1. Romance（浪漫愛情）
2. Red（紅色）
3. App（應用程式）
4. Flirt（調情）
5. Yes（好）
6. Once（曾經）
7. Aims（瞄準）

縱向：

1. Conversation（對話）
2. Candy（糖果）
3. Feelings（感受）
4. Smile（微笑）
5. Cuddle（依偎）

第 4 章
重組愛的話語

You are the best（你是最棒的）

I'm so lucky（我真幸運）

Hug me（抱我）

Kiss me（親我）

You are so cute（你真可愛）

Wanna date（想約會）

Movie night（電影之夜）

Can't wait to see you again（迫不及待見到你）

You make me so happy（你讓我好幸福）

Forever isn't long enough（永遠似乎還是不夠）

Favorite person（最喜歡的人）

Love you lots（超愛你）

Happiness（幸福）Soulmates（靈魂伴侶）Hold my hand（牽我的手）

第 10 章

看見未來

```
I U Y P P A H V P A M T U T
P N T E G I L T E N E U R C
P E T L C U T E L A A E S O
L D R I E E O F O R N P U N
A E O F M U T T V E T G P N
Y R J M E A S N I V T N P E
F O N O T C T D N E O O O C
U M H L Y F T E G R B R R T
L A E A O F U M V O E T T E
R N P F C P U N A F T S I D
V E D G R O S L V T V T V S
L U F T C E P S E R C F E S
O E I L L C G P I T F H E M
O Y F F G N I T S U R T E E
```

參考資料

書籍

A Year of Us: A Couples Journal: One Question a Day to Spark Fun and Meaningful Conversations by Alicia Muñoz, LPC
這本書可以讓你們重新找到彼此的心靈連結，每天持續一整年讓你跟伴侶有好的對話題材，也許是你們從沒想過的話題。

Relationship Workbook for Couples: A Guide to Deeper Connection, Trust, and Intimacy for Couples──Young and Old by Rachel Stone
如果你們想探索感情中更深度、更嚴肅的一面，這本書除了教你們溝通的祕訣外，也能幫助你們更加了解彼此的各個面向。

The Couple's Quiz Book: 350 Fun Questions to Energize Your Relationship by Alicia Muñoz, LPC
看完這本書（記得搭配本書一起）可以讓你們更加了解彼此。這本書不僅僅只是告訴你們有哪些問題可以問，還解釋了為什麼這些問題十分重要。

The Five Love Languages: The Secret to Love that Lasts by Gary Chapman
你跟伴侶深愛著彼此，但有些時候好像感受沒那麼深刻，那是因

為每個人展現情愛的方式並不相同,這本書能幫助你們理解對方跟找到不同之處所在。

網站

LoveToKnow Dating & Relationships(Dating.LovetoKnow.com)
這個網站能告訴你們各個不同類型的感情關係,從感情建議到好玩的點子,應有盡有。

Psychology Today's Relationships section(PsychologyToday.com/us/basics/relationships)
你們可以在這個網站找到一些有趣的文章與見解,讓你們更加理解感情中的理性與感性。

The Dating Divas(TheDatingDivas.com)
這個網站提供給你們數不清的約會點子、禮物或挑戰。

Your Tango's Love section (YourTango.com/love)
這個網站提供給你們建議與靈感,讓你們的感情更上一層樓。

遊戲與活動的參考資源

第 2 章

自製密室逃脫

如果你們喜歡密室逃脫,需要更多點子,可以上 BigEscapeRooms.com/design-an-escape-room-game 來找更多靈感。

各國愛的語言

谷歌翻譯：

在手機上下載免費應用程式、或直接到谷歌翻譯的網站，如果不知道怎麼唸出這個語言，也可以使用語音功能。

iTranslate：

你們可以使用免費版，應該足以應付這個活動。

第 5 章

世界各國讚美的話

谷歌翻譯：

在手機上下載免費應用程式或直接到谷歌翻譯的網站，如果不知道怎麼唸出這個語言，也可以使用語音功能。

iTranslate：

你們可以使用免費版，應該足以應付這個活動。

一起來跳舞吧

Howcast.com：

這個網站提供多種舞蹈的教學，例如探戈、狐步舞、恰恰、倫巴、森巴等等。教學影片中清楚說明每種舞蹈的基本舞步。

LearnToDance.com：

這個網站提供許多舞蹈的基礎舞步教學影片，有時會分成好幾堂

課。若是你跟伴侶找到你們真的非常喜歡的舞蹈，也可以在這個網站購買更多課程。

YouTube 也提供許多免費的舞蹈教學資源，如果是想學新的舞蹈，可以參考下列這些頻道：DanceClassVideo、Passion4dancing、Addicted2Salsa、Ballroom Mastery TV，相信會有很大的幫助。

第 6 章
製作時光膠囊
在網路上你們可以找到很多製作時光膠囊的小訣竅，例如怎樣的材質可以保存長久的時間，請參考以下網站：FuturePkg.com/7-time-capsule-preservation-secrets-revealed

關於更多長久保存時光膠囊的小祕訣，請參考：MNHS.org/preserve/conservation/reports/timecapsule.pdf

第 8 章
吃遍世界
如果想找尋更多靈感，推薦參考以下食譜書：
Cook Like a Local by Chris Shepherd and Kaitlyn Goalen
Cooking Light Global Kitchen by David Joachim and The Editors of Cooking Light
Gluten Free World Tour Cookbook by Katie Moseman
Together: Our Community Cookbook by The Hubb Community

Kitchen

We Are La Cocina by Caleb Zigas and Leticia Landa

第 9 章
伴侶靜心時間

Insight Timer 應用程式：
提供 4 萬種免費的靜心冥想活動與音樂。

Oak-Meditation & Breathing 應用程式：
提供免費引導式或非引導式的靜心冥想活動、呼吸練習，以及助眠的大自然白噪音。

YouTube 也提供許多免費的引導式靜心冥想影片與大自然聲響，請到 YouTube.com/calm 來看看簡短的引導式靜心冥想、睡眠冥想，以及大自然聲響，可以做為非引導式冥想的背景音樂。

第 13 章
一起學探戈

Howcast.com：
這個網站提供多種舞蹈的教學，如探戈、狐步舞、恰恰、倫巴、森巴等等。教學影片中清楚說明每種舞蹈的基本舞步。

LearnToDance.com：
這個網站提供許多舞蹈的基礎舞步教學影片，有時會分成好幾堂

課。如果你跟伴侶找到自己真的非常喜歡的舞蹈,也可以在這個網站購買更多課程。

YouTube 上也有許多免費的舞蹈教學資源,如果是想學新的舞蹈,可以參考下列這些頻道:DanceClassVideo、 Passion4dancing、Addicted2Salsa、Ballroom Mastery TV,相信會有很大的幫助。

一起玩遊戲！
70 種為伴侶設計的互動式遊戲與活動，讓你們更親近、感情更加深，在一起變得有趣

The Couple's Activity Book: 70 Interactive Games to Strengthen Your Relationship

作者	克莉斯朵・史旺克（Crystal Schwanke）
封面設計	賴姵伶
內文構成	賴姵伶
責任編輯	曾婉瑜
譯者	陳於勤
行銷企畫	劉妍伶

發行人	王榮文
出版發行	遠流出版事業股份有限公司
地址	104005 臺北市中山區中山北路 1 段 11 號 13 樓
電話	02-2571-0297
傳真	02-2571-0197
郵撥	0189456-1
著作權顧問	蕭雄淋律師

2025 年 8 月 25 日 初版一刷
定價 平裝新台幣 300 元（如有缺頁或破損，請寄回更換）
有著作權・侵害必究 Printed in Taiwan
ISBN：978-626-418-261-4

遠流博識網 http://www.ylib.com E-mail: ylib@ylib.com

The Couple's Activity Book: 70 Interactive Games to Strengthen Your Relationship
by Crystal Schwanke
Copyright ©2020 Callisto Publishing LLC
First Published in English by Callisto Media, Inc.
This edition arranged with CALLISTO MEDIA, INC. through BIG APPLE AGENCY, INC., LABUAN, MALAYSIA.
Traditional Chinese edition copyright©2025 Yuan-Liou Publishing Co., Ltd.
ALL RIGHTS RESERVED.

國家圖書館出版品預行編目 (CIP) 資料

一起玩遊戲！70 種為伴侶設計的互動式遊戲與活動，讓你們更親近、感情更加深，在一起變得有趣 / 克莉斯朵・史旺克 (Crystal Schwanke) 著；陳於勤譯 . – 初版 . – 臺北市：遠流出版事業股份有限公司，2025.08
　面；　公分
譯自：The couple's activity book : 70 interactive games to strengthen your relationship
ISBN 978-626-418-261-4(平裝)
1.CST: 性別關係 2.CST: 戀愛
544.7　　　　　114007755